江西通史

————

晚清卷·上冊

總序

鍾起煌

　　世界上的很多事情都是由機緣而起因執著而成，包括我們這部《江西通史》。

　　說由機緣而起，是因為這件事情的發生幾乎純屬偶然。二〇〇二年夏天，我和彭適凡、孫家驊同志談到江西悠久的歷史、談到江西輝煌的文化，因而產生了組織專家編撰《江西通史》的設想，彭、孫二位當即認為此舉當行而且可行。

　　說因執著而成，是因為一旦有這個想法，而且認為這是一件研究江西歷史、弘揚江西文化的重要工程，就決心去做。為此，我徵詢了周鑾書同志的意見，並邀請邵鴻和方志遠同志共商此事，得到他們的熱烈響應。二〇〇二年十月十八日，在江西省文物局和江西師大歷史文化與旅遊學院共同舉辦的全省文博教育成果展示與經驗交流會上，我向大會通報了編撰《江西通史》的意見，引起全體代表的熱烈反響，大家用長時間的熱烈掌聲表示支持，認為這是貫徹「三個代表」重要思想、全面挖掘和整理江西傳統文化、推進江西經濟文化建設的一大盛事。有了這個共識，十二月十三日，準備工作進入實質性階段。在我的主持下，召開了有關專家和編輯人員的聯席會議，對編撰《江西通史》的指導

思想、作者人選、工作日程、成果形式等具體問題展開了比較細緻的討論。二○○三年二月十五日，召開了第一次編撰工作會，《江西通史》的編撰工作就此正式啟動。

雖然說是機緣和偶然，但新的《江西通史》的編撰，實具備諸多因素和條件。

一、江西在中國歷史上具有重要的地位。根據最新的考古發現，在江西這塊土地上，人類的活動至少已有二十萬年歷史，它是中華民族發展史和古代文明發展史的重要組成部分；唐末五代以來，隨著全國經濟重心的南移，江西遂為全國經濟文化最為發達的省份之一，其物產之富、人才之眾，舉世矚目；進入二十世紀，江西又因為中央蘇區的建立而成為全國蘇維埃運動的中心。很難想像，在十分漫長的時段裡，沒有江西的中國歷史將會是什麼樣子。

二、文獻與實物資料豐富。江西既有「物華天寶、人傑地靈」之譽（唐王勃語），又素稱「文章節義」之邦（宋司馬光語）和「人文之藪」（清乾隆帝語），存世官修私撰文獻極為豐富。近年來一系列的考古發現，既可彌補文字記載之不足，更可與文獻資料相互印證，為編撰《江西通史》提供了可供參考的實證材料和科學依據。

三、前期成果豐碩、學術隊伍整齊。老一輩的歷史學家仍然健在，他們不但學術積累深厚，而且對研究江西歷史有著強烈的責任心；中青年學者正趨成熟，他們繼承了前輩學者的嚴謹學風，又吸收了新的研究方法和研究技術，思維敏捷，勇於創新。在他們的共同努力下，這些年來已有大批高質量的有關江西歷史

的學術成果問世，這些成果涉及江西歷史的方方面面，為編撰《江西通史》奠定了堅實的學術基礎。

四、政治環境寬鬆、經濟形勢發展。盛世修志是中國的傳統。改革開放以來，政通人和，國泰民安，江西經濟和全國一樣，有較快速度的發展。這為編撰《江西通史》提供了自由的學術氣氛和比較充裕的財力保證。近年來，江西的學術事業和出版事業取得了有目共睹的成就，連續獲得中宣部「五個一」工程獎和國家圖書獎、中國圖書獎，給江西文化藝術界和學術界以振奮，也引起了各兄弟省市的關注。這些成就的取得，為我們組織大規模著作的編撰工作提供了經驗。而周邊各省如湖北、湖南、浙江以及其他省市新編通史的紛紛問世，對《江西通史》的編撰是有力的推動，也提供了有益的借鑑。

五、從我個人來說，當時也恰恰能分出一些精力和時間來抓這件事情。於是儘力協調各方面的關係，為作者們、編者們排除各種障礙，以保證這項重大工程的圓滿完成。

四年來，《江西通史》的編撰工作得到了各方面的關心和支持。黃智權、吳新雄省長親自過問此事並指示有關部門給予支持，省政協將其作為一件大的文化事業進行推動，省社聯將其列為重大科研項目，江西師大、南昌大學、省社科院、省文物局、省博物館和省考古所等有關單位也對參與編撰的專家們給予各種便利，出版部門派出了強大的編輯班子並準備了足夠的啟動和出版資金。特別要指出的是，各位作者在繁忙的教學和科研工作中，能夠將《江西通史》的寫作列入重要的工作計劃並全身心地投入。我在第一次全體編撰會議上指出，《江西通史》的編撰是

一項挖掘和弘揚江西歷史文化傳統的千秋事業，希望作者和編者將其視為自己學術生涯中的事業。事實證明，作者和編者們後來都是這樣要求自己的。正是因為有了各方面的支持和全體編撰人員的共同努力，十一卷的《江西通史》才能順利地完成書稿並得到如期出版。

　　明代中期，隨著區域經濟文化的發展，修撰地方誌成為一大文化現象。各省、各府乃至各縣的省志、府志、縣誌大量湧現。此後遂為傳統。盛世修志也不僅僅限於修前朝歷史，更大量、更具有普遍意義的乃是修當地地方史。具有全局意義的江西省志也正是在這個時候產生的。自明中期以來，江西整體史著作已編撰過多部，其中著名的有：林庭㭬《江西通志》（37 卷，明嘉靖四年），王宗沐《江西省大志》（8 卷，嘉靖三十五年；萬曆二十五年陸萬垓增修），於成龍、杜果《江西通志》（54 卷，清康熙二十二年），白潢、查慎行《西江志》（206 卷，康熙五十九年），高其倬、謝旻《江西通志》（163 卷，雍正十年），劉坤一、劉繹、趙之謙《江西通志》（180 卷，光緒七年），吳宗慈、辛際周、周性初《江西通志稿》（9 編，民國三十八年）。二十世紀末，又有許懷林的《江西史稿》（1994 年，江西高校出版社），陳文華、陳榮華主編的《江西通史》（1999 年，江西人民出版社）問世。這些著作在保留江西歷史遺存、挖掘江西歷史文化方面作出了重要的貢獻。如何在充分吸取前人成果的基礎上有所發展、有所創新，是對新編《江西通史》的考驗。

　　為了使新的《江西通史》更具有時代特色和歷史價值，更具有劃時代的意義，我們對這部著作提出了以下的要求。

一、中國歷史是一個整體，我們在研究任何地方歷史的時候，都不能脫離這個整體。因此，正確認識各個歷史時期江西在全國政治經濟格局中的地位就顯得尤其重要，必須充分關注江西與中央、與周邊地區的關係，不溢美、不自卑，不關起門來論江西，將《江西通史》寫成一部與中華民族的整體有著血肉聯繫的江西歷史。

二、《江西通史》是系統記述和研究江西歷史的大型學術著作，由眾多學者共同參與完成。一方面，各卷是作者的個人成果，是作者最新研究成果的結晶，可以也應該有自己的風格和特色，所以希望作者精益求精，使其成為各自領域的學術精品。另一方面，甚至更為重要的是，它又必須是一個整體，是一部「通史」，所以全書十一卷必須有統一的體例和統一的要求，在文風上一定要力求簡潔、明快。各卷作者務必服從整體、服從大局，使自己的作品成為整個《江西通史》的有機組成部分。

三、《江西通史》必須是一部真實、動態、有可讀性的信史。所謂真實，是指史料詳實、言必有據。此「據」是經過考證後認為合理的，否則，「盡信書則不如無書」（孟子語）。這就需要每個作者既儘可能地系統爬梳和挖掘史料，又謹慎辨析和使用史料。所謂動態，是指用發展的眼光看問題，既將問題放在特定的歷史背景之下，又特別關注它的演進過程，因為即使是同一件事物，其狀態和作用也是隨著時間的推移和社會的變遷而變化的。這就需要每個作者以歷史唯物主義和辯證唯物主義的觀點和方法去闡釋歷史、去探討歷史演進的規律。所謂有可讀性，是指應該用流暢的文字、敘述的方法寫作，展示的是作者的觀點和結

論，而不是考辨的過程，它的體例是史書而不是論文。無圖不成書。圖文並茂是中國出版物的優良傳統和重要特點，《江西通史》應該在儘可能的情況下，收集能夠說明江西歷史各階段各方面狀況的歷史圖片，以加強其歷史感和可信度，同時也使其更具有可讀性。

四、以人為本，以民為本，以基層社會為本。所謂以人為本，指的是要寫成人的歷史，以人的活動為描述對象，即使是制度、習俗，也應儘可能地有人的活動。所謂以民為本，指的是儘可能地站在大眾的立場上來敘述歷史、看待歷史，更多地敘述大眾的活動。所謂以基層為本，是因為地方史本身就是基層乃至底層的歷史，要儘可能地揭示基層組織和底層社會的活動狀況。在此基礎上，充分重視統治者和社會菁英對社會的主導作用，重視自然環境、人文環境，特別是包括傳統價值觀念和現實政治制度等在內的上層建築對個人、對大眾、對底層的影響和制約作用，寫成一部上層建築與經濟基礎互動、國家權力與基層社會互動、社會菁英與人民大眾互動的歷史。

十一卷本《江西通史》即將付梓，我們希望它的出版能夠成為江西歷史研究的新的里程碑、能夠成為江西文化史上的一大盛事。當然，能否達到這個目標，還要由讀者和歷史來檢驗。

導論

一九一二年一月一日，中華民國宣告成立。中華民國的成立，在中華大地上結束了兩千多年的封建帝制和清朝二百六十多年的統治，開創了現代社會發展的歷史新階段。

本卷敘述的是中華民國時期（1912-1949 年）的江西歷史。中華民國是一個歷史時期。這個時期，是中國社會性質發生劇變，從半殖民地半封建社會走向資本主義和新民主主義社會的過渡時期，也是社會內容既豐富多彩又複雜多變，社會矛盾、階級矛盾和民族矛盾糾結交替，現代國家在建設和戰爭中曲折前行、走向崛起的重要轉型時期。在這個歷史時期內，現代城市建設、社會公共領域和現代生活與時尚也不斷呈現新的面貌。這一切，既是歷史的豐富內容和質的規定性，又是江西民國歷史形成和發展的宏大背景。本卷即是在這一規定性和時代背景下，對江西的民國史進行考察和敘述。

一

江西在民國歷史上具有鮮明的特點與重要的地位。從歷史的獨特性和對國家的影響與貢獻上看，其特點與地位主要表現在如

下幾個方面：

第一，在中華民國的開國史上，江西是革命的首義地區之一。萍瀏醴起義、辛亥革命和二次革命，為民國的創建作出了重要的貢獻。

萍瀏醴起義，是一九〇六年十二月四日（光緒三十二年十月十九日）萍鄉籍同盟會會員蔡紹南與湖南籍會員劉道一等奉孫中山派遣，從日本返國領導發動的武裝起義。這次起義首發於萍鄉，揭出「中華國民軍」的名號和表達以孫中山為代表的資產階級革命派綱領的起義檄文，數日間遍及瀏陽、醴陵、宜春、萬載等贛湘邊境十多個縣。起義雖然在清政府調集的四省重兵鎮壓下失敗，但它是一九〇五年中國同盟會成立後舉行的第一次以推翻封建帝制、建立民主共和制國家為目標的大規模武裝起義。起義爆發，如孫中山所說，引起「全國震盪」，一系列武裝起義隨後在全國各地接踵舉行，直至辛亥革命取得成功。因此，這次起義和其他各次起義一起，成為辛亥革命的前奏，敲響了封建帝制和清政府覆滅的喪鐘。

一九一一年十月十日在武昌爆發的辛亥革命，迅速波及江西。江西成為僅比湖南、陝西晚一天的全國第三個起而響應革命的省區。十月二十三日，由同盟會會員掌握的駐九江新軍五十四標奮起響應武昌起義，宣布獨立。三十一日，同盟會員蔡公時發動南昌新軍起義，建立了江西軍政府，江西全省遂告獨立。江西獨立，壯大了革命的聲威，對長江下游產生了重要的影響，「江西既定，東南蓋不足謀」，「由是而蘇而浙而皖，革命之聲勢驟盛，兩月之間披靡全國，真亙古所未有也」。一九一二年一月一

日，孫中山在南京就任臨時大總統，宣告了延續兩千多年的封建帝制的結束，創建了中華民國。

民國成立之初，面對掌握總統職權的袁世凱鎮壓國民黨人民主政治鬥爭的形勢，江西國民黨人擁護孫中山興師討袁的主張。一九一三年七月十二日，李烈鈞在江西湖口率先宣佈獨立，組織討袁軍，誓師通電討袁。南京、上海、安徽、湖南、廣東、福建、重慶等省市紛起響應，共同興師討袁，形成民國史上著名的國民黨「二次革命」。「二次革命」在袁世凱重兵圍攻下，雖然只堅持了兩個月，但其所表現出的民主革命精神和無畏氣概，所堅守的孫中山民主革命思想和共和原則，在中國國民黨史和中華民國史上占有重要的一頁。

第二，江西是中國共產黨領導土地革命的主要地區，中共在江西領導創建革命根據地的鬥爭，導引了中國的前進方向和歷史命運。

在江西這塊土地上，中共首舉武裝反抗國民黨建立一黨專制統治的大旗，舉行八一南昌起義，提出並實行土地革命、人民政權和以蘇維埃救中國的革命綱領和建國方略，建立了以瑞金為中心的中華蘇維埃共和國。江西作為中共領導土地革命的中心區域，先後創建有井岡山、中央、贛東北（閩浙贛）、湘贛、湘鄂贛等革命根據地，江西擁有全國最早、最大和最多的革命根據地，全省三分之二以上的地區曾為蘇維埃區域，被人們稱為人民軍隊誕生的搖籃、探索中國革命道路的搖籃，打造中華人民共和國的搖籃，「中國革命前進的偉大基地」。毛澤東等一大批無產階級革命家在江西這塊紅土地上戰鬥、生活和創造，將馬克思主

義與中國革命實踐相結合，初步創立了指導中國革命的科學理論體系毛澤東思想，開闢了中國特色的中國革命勝利之路，學習和實踐了治國安民的藝術和戰爭的藝術，建設了一個廉潔的政府和一支堅強的人民軍隊，為中國革命和建設培養了一大批會治黨、治國、治軍的優秀骨幹力量（中共第一、二代領導集體成員毛澤東、周恩來、劉少奇、朱德、張聞天、任弼時、鄧小平、陳雲、葉劍英、胡耀邦、楊尚昆等，當年都是在中央革命根據地叱吒風雲的主要或重要領導人；新中國建國初期擔任從國家主席到省部級職務的黨政軍領導幹部中的一四〇多人，人民軍隊的九位元帥、七位大將、三十四位上將、一一四位中將和更多的少將，曾在江西紅土地上戰鬥、生活，經歷了創建革命根據地的艱苦鬥爭的考驗）。中國共產黨在江西等地的奮鬥，揭示、引導了中國的前進方向和歷史命運。以中央革命根據地為中心的土地革命史和革命戰爭史，成為中國共產黨史和中國革命史的一個重要歷史階段，也是中華民國史上極富特色和地位的重要內容。

第三，江西是國民黨統治的重心地區，在國民黨執政後的民國政治、經濟史上占有重要的地位。

在地理上，江西位處長江中游、東南腹地，史稱「吳頭楚尾，粵戶閩庭，形勝之區」，尤其是毗鄰國民黨京畿重地，是衛護南京和蘇浙的重要戰略區。在政治上，一九二七年四月南京國民政府成立後，國民黨成為執掌全國政權的政黨。在很長時間內，江西在總體上屬於國民政府切實管轄的省份之一，是國民黨統治的基本地區。特別是在抗日戰爭前的十年間，江西還是國民黨黨政軍要人在地方活動最多的省區之一，廬山被稱為南京國民

政府的「夏都」，每到盛夏酷暑，從國民黨中央黨部到國民政府各院、委、部，紛紛遷至廬山辦公，國民黨的許多內政外交、政治經濟軍事方針，是在廬山作出的。蔣介石在南昌設立的行營，更是地位特殊，以致於「可以說是當時中國真正的首都。軍事行動之外，行營更致力於政治、財經措施」，成為「南京統治的黨政軍中樞」，而被胡漢民斥之為「駕乎中央黨部、國民政府的太上黨部和太上政府」。數年間袞袞大公、森森冠蓋往來於南京、江西之間，極一時之盛。在經濟上，江西是傳統的糧食主產省，農業資源和礦產資源極為豐富，在民國經濟格局中，也有其獨特的優勢地位。

第四，江西是東南抗戰的重要省區，為民族抗戰的最後勝利作出了重大貢獻。

抗日戰爭期間，江西是東南抗戰的重要省區。全省以大量的糧食和兵役、伕役，支持第三、第九和第四戰區的作戰，給國家貢獻壯丁一〇三點八萬人，每年徵收徵購糧食達五千餘萬石、年平均占重慶國民政府徵糧總量的百分之十二點九；公營和民營工商業也因戰爭的需要，得到國民政府的扶持，有一個很大的發展，在大後方近二十個省中位列前茅（可惜在 1945 年初被日本侵略軍摧毀殆盡），為支持東南地區的抗戰和資助西南大後方，作出了重大貢獻。因此，時人論述江西在東南和全國抗戰中的地位，認為江西是屏蔽西南、支撐東南的重要軍事堡壘和糧食倉庫，指出在抗戰大局中，「江西屏藩湘粵，控制蘇皖，進擊長江，可截敵人之腰，俯窺金陵，可瞰敵人之背，地利所宜，實反攻收復失地之前衛，且魚米財富，素稱豐饒，抗戰以來，資助後

方，允屬柱石」。

二

民國時期的江西歷史進程，以一九二六年秋北伐軍攻占南昌實現政權轉換為界，經歷了北洋政府與國民政府兩個統治時期。在現代社會轉型和民族民主革命交相行進的背景下，革命戰爭、民族抗戰、現代建設和國家權力深入基層的社會控制，構成江西民國歷史的主要線索。這些主要線索如何展開和行進，江西民國歷史是怎樣走過來的，是本書所要敘述的主要內容。

江西民國史，可以上溯到國民黨早期革命組織的建立。一九〇五年中國同盟會在日本東京成立後，孫中山派會員黃格鷗（清江人）、魏會英（贛州人）回江西發展組織。一九〇六年，他們以一九〇四年成立的反清革命團體易知社、我群社為主，建立同盟會江西支部。同盟會是中國最早建立的革命政黨，也是國民黨的前身，它在江西機構的設立，表明江西從此有了國民黨的組織。同盟會江西支部與一九〇九年為聯絡會黨而建立的反清革命團體共進會江西分會（會長鄧文翬），在全省祕密發展組織，掌控新軍和會黨，發動反清武裝起義，是萍瀏醴起義、辛亥革命江西光復的組織者和領導者。

民國成立，江西政權為革命黨人所掌握。一九一二年八月，孫中山等以中國同盟會為基礎組成國民黨。國民黨的稱謂，即從此始（1914 年孫中山另組中華革命黨，1919 年恢復國民黨名稱，改稱中國國民黨）。江西的同盟會、共進會兩組織隨即奉國民黨本部之命，合組為國民黨江西支部。這時，國民黨黨員遍於

全省，為數不下兩萬人，江西的國會議員和省議會議員，也大多數是國民黨人。因此，這個時期被江西國民黨人認為是一個「全盛時期」。一九一三年江西首先發動討袁的「二次革命」，與此不無關係。

一九一三年七月，袁世凱派北洋第六師師長李純進軍江西，一個多月間打敗反袁的數萬贛軍，國民黨領導的「二次革命」在江西宣告失敗。李純隨即署理江西都督，建立起北洋軍閥對江西的統治，同時對曾擔任文武官員、記者的國民黨人，和國民黨籍的十名國會參議院議員、二十五名眾議院議員以及眾多省議會議員，「一律按冊緝捕」，給全省的國民黨組織以毀滅性的打擊。江西國民黨人徐秀鈞（時任國會眾議院議員）等被捕殺，其餘「盡為亡命」，「四方竄伏，而以日本東京為最多」。

北洋軍閥入主江西，開始了對江西長達十四年的統治。在這一長時間內，江西被裹入社會大轉型潮流，一方面，北洋軍閥的暴戾統治及由此產生的戰亂，給江西人民帶來深重的災難；另一方面，因為時代的變化，全省政治、經濟和文化形態也日益發生著深刻的變化，出現了許多以往所不曾有的新鮮事物。江西曾長期處於南北戰爭的前線，境內多次發生過局部戰爭和客軍過境，時局動盪在不少年份成為基本特徵。軍閥始終主導著全省政權，但在民國和民主的大背景下，行政體制也有較大的改變和創新。新的政治學說、思想觀念、政黨組織和文化運動，通過上海、北京和廣東，相繼傳入江西並在社會尤其是青年中引起巨大反響；以「贛人治贛」為核心的自治運動風靡一時；五四運動和抵制日貨行動在全省高潮迭起，作為革命政黨的中國國民黨和中國共產

黨，先後在江西恢復建立和創立自己的組織，主要以祕密方式進行組織建設、武裝起義和響應北伐戰爭，引導國民革命和工農運動蓬勃發展。農業仍然在經濟中占據絕對的主體地位，但新型的資本主義經濟乘勢而興，出現一個創辦實業的小高潮。近代教育體制逐漸建立，中小學教育和留學教育出現新的氣象。所有這一切，構成這一時期社會變動和社會轉型的基本內容和重要特點，也折射出歷史的複雜性和豐富的多樣性。

北伐戰爭開始前後，國共合作領導的國民革命，在江西逐漸走向高潮，江西歷史進入重要的轉折時期，也呈現出空前的複雜性和尖銳性。其間，既有國民革命氣勢如虹的浪潮，北洋軍閥政權向國民黨政權轉換的新舊政權交替，為期六十六年的九江英租界被革命政府一舉收回，有組織的民眾力量走上政治舞台，也有革命內部各派力量由聯合對敵轉為分裂對立，國民黨右派與左派之間的矛盾和鬥爭，國民黨右派與中共及工農民眾之間的矛盾和鬥爭，相互交織，錯綜複雜，並在共同進行的對北洋軍閥的作戰中，日益激烈、直接地顯露出來，影響和左右著江西政局及其走向。後期出主江西政務的朱培德，在以蔣介石為首的南京政權、以汪精衛為首的武漢政權以及中國共產黨之間，依違留連，加劇了政局的波譎雲詭和各派力量的興替消長。幾經反覆、周折之後，江西最終成為南京國民政府統治下的一個基本政區。

一九二七年國民黨實行反共清黨政策，其自身性質發生變化。同年四月成立南京國民政府，次年完成北伐統一，國民黨成為執掌全國政權的政黨，實行以黨治國、以黨治政和以黨治軍，其政治地位較之以前有了根本變化。在與國民黨合作領導革命建

國的模式夭折後，中國共產黨被迫另闢新路，舉行八一南昌起義、湘贛邊秋收起義，開始走上獨立領導土地革命、探索重建現代國家的艱難征程。土地革命時期，江西六十多個縣曾被紅色武裝所割據或衝擊，出現「江西的農村起義比哪一省都要普遍，紅軍游擊隊比哪一省都要多」的革命局面。中共相繼在江西建立井岡山、贛東北、中央、湘鄂贛、湘贛革命根據地，為大規模領導武裝鬥爭並將土地革命的中心放在江西，提供了有利的條件和堅實的力量。江西人民在土地革命戰爭中前仆後繼，英勇奮鬥，僅參加紅軍者達三十多萬人，有名有姓的革命烈士達二十五萬多人，為中國新民主主義革命和人民大眾解放事業，作出了重大奉獻。江西歷史，因此高峰凸起而為國內外所矚目。

一九二七年夏到一九三七年夏的十年，內戰和建設兩種情形，在江西交替出現。中國共產黨在江西創建革命根據地、領導土地革命的鬥爭，作為現代中國發展另一條道路的探索，形成對執政的國民黨的嚴重挑戰。因此，國民黨出動大軍，從以小規模為主的地方性作戰到由中央主導指揮的大兵團軍事進攻，對中共和紅軍進行長期的反覆的「圍剿」。江西省在一九二七年起的七年中，成為國共兩黨「圍剿」和反「圍剿」戰爭的主要戰場之一。期間，國民黨中央和國民政府的許多大政方針和重要決策，是在江西等地針對著革命根據地作出的，其中不少明顯地受到革命根據地政策的深刻影響；國共兩黨的活動尤其是建國方向與治政方略，也圍繞著戰爭的行進，得到充分的展示和實踐。國共兩黨以「圍剿」和反「圍剿」的軍事作戰形式進行的鬥爭，對中國歷史和國共兩黨，以及對江西的經濟社會發展產生重大的影響。

一九三○年底，蔣介石入贛指揮對紅軍的第一次「圍剿」戰爭，同時負責統一指導地方黨務。由此而至一九三四年第五次「圍剿」結束，江西省黨政事務，轉入以協助「圍剿」軍事為中心，省政府、省黨部依照國民政府軍事委員會委員長南昌行營的安排，竭力進行了行政機構改革、編組保安團和保甲組織、地方自治、厲行新生活運動和「協剿」活動。一九三四年十月紅軍長征後，當局繼續進行「清剿」紅軍游擊隊，但「善後」與建設成為當時的主題。江西在省政府主席熊式輝的主持下，收拾殘破，力行革新，大吹建設之風，推行國民經濟建設運動，取得了一些讓世人矚目的成績，為此後到來的抗日戰爭，奠定了一定的基礎。

抗日戰爭時期，江西既是前線，又是後方，是中國東南地區抗戰的重要省區。全面抗戰爆發初期，當局比較注重抗戰動員，北方和東南沿海大量知識名流和流亡學生進入江西，給江西帶來勃勃生氣，全省抗日救亡運動風起雲湧，聲震東南。新四軍軍部在南昌建立，編入新四軍的南方紅軍游擊隊將士由此走上抗日前線。第三戰區在贛東，第九戰區在贛中、贛西北，分別與入侵的日軍形成對峙，江西處在東南戰場對日作戰的前線，日本侵略軍根據中國軍隊仍擁有相當大的兵力，主力軍部署在湖南、江西及貴州省方面，「其中江西、湖南兩省是抗戰的屏障」的判斷，連續發起對湘贛的作戰，企圖打開進入西南的通道，打破中國長期抗戰的戰略。由此，江西作為中國抗戰的前線和後方的特點凸現。中國軍隊在江西境內，先後進行了武漢會戰中的贛北作戰、南昌會戰、浙贛會戰、上高會戰等正面戰場的大規模抗日戰役，特別是贛北作戰和上高會戰均曾給入侵日軍以沉重打擊，中國軍

隊為堅守住抗戰初期形成的戰線，阻止日軍的繼續前進，作出了巨大的努力和犧牲。

戰時江西曾三遷省會。一九三九年三月，日本侵略軍發起進攻南昌戰役，江西省黨政機關從南昌遷移到吉安。同年底，再遷泰和縣，泰和在較長一段時間內成為江西抗戰時期的臨時省會，行使戰時後方的政治、經濟和文化中心職能。一九四五年二月，因日軍進攻贛西，省政府又由泰和遷往寧都，省黨部移至瑞金，一直到抗戰勝利後遷回南昌。戰時行政黨務，按照省一級「黨政聯繫」、縣一級「黨政融化」的原則，調整和確立了省黨政關係，注重「發揮以黨透政、以黨透民之精神」，增進黨政聯繫，掌握民眾團體，著力在農民、婦女和技術人員中發展黨員，開展國民精神動員、抗戰建國動員、經濟建設和增加生產、征實與徵購糧食、擴大徵兵、青年從軍、慰勞抗戰官兵、防空防諜鋤偽等活動。當局同時加大力量進行防制和反對共產黨活動，一九四一年底，破壞了中共江西省委機構及其三個特委組織，泰和「馬家洲集中營」和第三戰區「上饒集中營」，為江西境內關押共產黨人和進步人士的重要監獄。戰時江西經濟和文化教育在特殊環境和條件下，出現一個很不平常的勃興之態。江西人民在極端艱苦的條件下，忍受巨大的痛苦和犧牲，堅忍不拔，同仇敵愾，節衣縮食，獻糧出兵，以大量的兵役和糧食支持軍需民食，並以不少工業品支援西南大後方，為抗戰的勝利作出了重要的貢獻。與此同時，以南昌、九江為中心的贛北十四縣市，被日軍占領，日軍在九江建立了偽省政權，對這一地區實行殖民統治。全省六十多縣先後遭到日軍的侵擾，日軍在江西境內犯下燒殺搶淫等纍纍罪

行，使江西人民的生命財產和社會經濟造成嚴重的損失。一九四五年九月，第九戰區在南昌、九江接受日軍的投降，為長期抗戰的勝利畫上了完滿的句號。抗日戰爭的勝利，是近代以來中華民族進行的民族解放戰爭取得的第一次偉大的勝利，是包括江西人民在內的中國人民不畏強暴、抵抗外敵、追求自由、獨立和光明的偉大精神的生動體現。

抗日戰爭勝利後，中國歷史進入一個重要的轉折時期。國共兩黨在中國向何處去這一關係國家前途和命運的重大問題上，發生尖銳的分歧，兩黨的談判和鬥爭，成為決定戰後政局變化和歷史進程的根本因素。在這一政治格局中，江西處於後方腹地，屬國民黨統治的基本地區。面對戰後社會的百孔千瘡和農工百業的凋敝，江西全省的善後救濟和恢復建設有所動作。國共兩黨和談失敗、國民黨發動全面內戰後，江西省於一九四七年九月宣告進入「動員戡亂」時期。所謂「動員戡亂」，就是全社會進入戰時體制，集中人力、物力進行與中共的戰爭。九月二日，江西發布《為防匪戡亂告江西全省人士書》，不久，連頒十項法令，成立「江西省剿匪會報」和「戡亂建國動員委員會」，由省政府主席、省黨部主委等政、黨、駐軍、保安、警察、民意機關主要人物組成，作為「動員戡亂」的領導機構，江西政局轉入戰時體制。全省黨政的工作重心，由此全部轉向支援和應對「動員戡亂」，持續進行反共偵訊，組訓「民眾自衛隊」，編組保甲戶口，修建城垣碉堡，管制交通工具，鎮壓學生的愛國運動，以及黨團合併。由於全社會無一例外地被納入「動員戡亂」的戰爭體制，全省行政圍繞這一中心運轉，嚴重影響了地方建設的開展和經濟社會的

復興。一九四九年一月，省政府主席方天兼任省黨部主委，是繼熊式輝之後獨攬黨政大權的第二人。方天意圖有所作為，但已不可能如願，布置「應變工作」，建立「潛伏」的地下組織，遂為其關注所在。在人民解放軍突破長江天塹進軍江西時，國民黨桂系軍隊節節敗退，方天也率黨政機構相繼由南昌退逃吉安、贛州、廣東和臺灣，國民黨在江西的統治，隨著一九四九年五月省會南昌的解放而告結束。

三

　　如實全面地反映民國江西的複雜歷史，記載政黨、團體和各類人物的思想和活動，反映歷史的波瀾與迤迆，以便有助於文化的積累和建設，有助於人們瞭解整體的、客觀的歷史原貌，總結經驗，知往鑒來，是撰寫本書的主要目的。

　　無論是作為革命黨還是執政黨，國民黨在江西的活動，都是本卷的主要研究對象。因此，如何認識與評價主持江西省政的統治當局，便成為需要重點討論的問題。國民黨的江西組織，是在江西出現的第一個近代政黨。在其從建立、發展到潰敗的興替過程中，它的性質、地位幾經轉換，實際表現起伏不一。在反對清朝和北洋軍閥封建統治的鬥爭中，它是一個革命的政黨，特別是一九二四年實現國共合作後，它具有更加廣泛的人民性，富有生氣，流血犧牲，前仆後繼，為在江西結束清朝和北洋軍閥的反動統治，作出了重大的貢獻。

　　國民黨成為獨掌全國政權的執政黨後，江西的國民黨與政權組織，在性質和地位上同樣發生了根本的變化。其黨務政務活

動，也是在執政和國內戰爭、民族戰爭中展開的。黨的性質、執政地位和戰爭環境，給當政的國民黨以嚴峻的考驗，也在很大程度上規定和制約著其活動的內容和結果。因此，一方面，執掌省政二十三年間，江西在形式上，建立了現代政治在省一級區域內運行的黨政框架和法律規制，組成了由省市到鄉村的省、專署、縣、區、鄉、保甲六級縱向組織網絡，以及覆蓋省縣政治、經濟、文化、保安、警察各機構以及各社會團體的橫向組織網絡，在江西歷史上，第一次在全省範圍內，將社會生活和民眾納入有著較嚴密組織的黨政一體軌制內，國家權力深入基層社會和偏遠鄉村，引起了社會結構和社會秩序的重大變化，也給社會和民眾灌輸了一些現代政治意識，並主導了民國時期江西經濟社會的發展走向。

另一方面，江西國民黨的黨務政務活動，受到黨政組織自身條件與客觀環境的制約，而優劣並存、優不敵劣，集中的表現是制度形態與實際形態不一致：宣言代表人民利益而人民利益不保，號召剷除腐惡而腐惡日增，強調組織力量而派別紛爭不斷，活動頻繁不絕而實效不佳，條規龐雜細密而多徒具空文。從抗戰中期開始出現日益加劇的腐敗，而迅速地走向崩潰，是有其深刻原因的。

關於民國時期的江西人，也是需要特別探討的重要問題。民國時期，如蔣介石、張繼、陳立夫、居正、陳布雷等不少名人，都對江西的民性民風做過闡述，其中又以陳布雷的分析最具客觀性和代表性。陳布雷一九三四年五月在南昌的一次講演中說，他自幼對江西便有深切的印象，認為江西人之誠樸勤勞、節儉刻

苦，是超過江浙幾省不知多少倍，江西人普遍待人以誠，對人懇
摯有熱情，在禮貌與禮節上均異常周到，不過性情上質勝於文，
古板一些，也可以說「勤苦有餘而發育不足，質樸有餘而進取不
足，守分有餘而自強不足，禮讓有餘而微少勇氣，誠篤有餘而欠
缺蓬勃慷慨的熱情」。此外，其他人也有江西人文弱，尚文不尚
武，人不知兵，不如湖南人強悍等議論。類似分析，因為均有一
個鼓動江西人民起而協力「圍剿」紅軍的前提，所以也難說不帶
有片面性，例如與毛澤東等人對江西革命根據地人民革命性和創
造性等的分析，便大有不同。不過，作為一種流傳甚廣的社會性
評價，多少也反映了民國時期江西民性民風的一些真實，是研究
民國史時不能太過忽略的問題——儘管限於篇幅和體例，本卷書
稿不能展開對這一問題的論述。人是歷史活動的主體，從根本上
決定著歷史發展的整體面貌和發展程度。

在江西民國史上，與民性民風同樣值得重視的，依然是眾多
傑出人物的湧現。波激浪湧的反帝反封建的時代大潮，源遠流長
的優秀人文傳統，美麗富饒的青山綠水，造就了一大批蜚聲中
外、留名青史的優秀才俊。民國時期江西籍著名的革命家、政治
家、思想家、軍事家，經濟和文化名人、學者，層出不窮，再次
重現江西歷史上物華天寶、人傑地靈的人文景觀。其中，有在贛
率先傳播新思想、組建國共兩黨組織的革命先驅趙醒儂、袁玉
冰，有在創建革命根據地和開展土地革命鬥爭中叱咤風雲的方志
敏、陳正人、曾山、黃道、邵式平，以及張世熙、沈劍華、張國
庶、李文林、何克全、吳先民、周建屏、萬永誠、劉英、汪金
祥、林瑞笙、鍾世斌、鍾循仁、劉啟耀、胡海、古柏、高自立、

鄧振詢、賴昌作、李才蓮等一大批省級以上黨政領導幹部和紅軍將領（在新中國建國初期授銜的人民軍隊將領中，江西籍將軍有3位上將、37位中將和196位少將）；有奮然首舉反袁二次革命義旗的民主革命家李烈鈞，有被魯迅稱為「真的猛士」、「為了中國而死」的反帝愛國學生運動領袖劉和珍，有不畏日軍強暴、堅持民族氣節而壯烈殉國的民族英雄蔡公時、姚名達，有在遠東國際軍事法庭堅持伸張人類和國際正義的大法官梅汝璈，有富有民主進步思想的著名愛國人士鄒韜奮、楊杏佛、許德珩、王造時、羅隆基、彭文應、李世璋，有傑出的科學家、教育家、政治學家、史學家、農學家、翻譯家、文學藝術家、佛學家、新聞記者陳三立、吳有訓、程孝剛、陳寅恪、蕭公權、饒毓泰、蕭純錦、游國恩、夏敬觀、楊惟義、黃家駟、盛彤笙、王禮錫、熊佛西、傅抱石、程懋筠、歐陽漸、黃遠生等等。一批早年富有理想，積極投身五四運動和國民革命的人士，如段錫朋、程天放、劉峙、桂永清、熊式輝、曹浩森、魏道明等，而後成為國民黨高級軍政要員。當然，在時代前進的洪流中，在歷史轉變的重大關頭，也出現了一些落伍者，「辮帥」張勳悍然擁清復辟帝制，江亢虎由中國社會黨黨魁而至大漢奸，張國燾早先積極參與創建中國共產黨和領導土地革命鬥爭，而後竟然叛變中共投向國民黨。

民國江西的歷史，進步與倒退同存，幾種社會形態交替或重疊，時賢先進發生著分化，建設新江西的路途曲折多難，因而呈現出前所未有的歷史複雜性。無疑，對於所有認真的讀者來說，自不難從這綿綿複雜性中讀出歷史的理路和道理來。

晚清江西史，從一八四〇年到一九一一年，前後共七十一年。在這七十餘年間，經歷了鴉片戰爭、太平天國運動、甲午戰爭、維新運動和辛亥革命等全國重大歷史事件，相承全國歷史發展脈絡，歷史進程一體化。從全國而言，晚清既是清王朝逐漸走向衰亡的時期，同時也是中國社會不斷轉型的一個重要時期；就江西而論，它既是社會經濟逐漸邊緣化的時期，同時也是社會不斷推陳出新的一個過程，許多重大的歷史事件均與晚清江西的歷史密切相關。在此總體發展的態勢之下，晚清江西歷史的發展大體可以分為三個階段：

第一階段為一八四〇年到一八五八年，即第一次鴉片戰爭爆發到《天津條約》的簽訂。這一階段，江西社會仍然處於原有的軌道上，依慣性的作用而運行。第一次中英鴉片戰爭的爆發及其失敗，江西沒有明顯的波動，傳統的農業、手工業、商貿和政治體制，仍然按部就班，井然有序，階級矛盾依然是主要矛盾，會黨和「盜匪」依然是江西社會不穩定的主要因素。在這一階段的後期，經歷了太平天國農民運動。從一八五三年初開始，太平軍轉戰江西八府五十餘縣，各地農民起義紛紛響應，太平軍與清軍

在這塊土地上進行了長時期的廝殺。連年不斷的戰爭，衝擊著傳統的封建秩序，破壞了江西本已貧窮的經濟，加劇了江西的貧窮與落後。要說這一階段江西有什麼大變化的話，這是唯一的大變化。

第二階段為一八五八年到一八九四年，即中日甲午戰爭前的這一歷史時期。這一階段最突出的變化是西方資本主義勢力對江西的侵入和蔓延。主要表現在九江開埠、劃定租界、派駐領事、控制海關，開設洋行和工廠，傾銷洋貨和掠購原材料，設教堂以傳教，等等。江西原有的社會秩序和經貿優勢受到極大沖擊，傳統的封建自然經濟受到極大破壞。由於九江的開埠和外國輪船的運營，江西傳統商道不再輝煌，「自江輪通行，洋貨由粵入江，由江復出口者，悉由上海經運內地，江西省輸出輸入之貨劇減，樟樹、吳城最盛之埠，商業亦十減八九」。[1]這一階段的後期，全國洋務企業紛紛創辦，江西一無開明封疆大臣，二無資金財力，因循守舊，不思進取，安於現狀，坐失良機聽任半殖民地化的加重，漠視落後面貌的加劇。江西在全國的地位逐漸下降，邊緣化的趨勢開始顯現。

第三階段為一八九四年到一九一一年，即辛亥革命前的這一歷史時期。這一時期，江西求變慾望強烈，維新思潮迅猛，新政改革的實施，新鮮事物不斷湧現，如新式學校、新式教育、新式企業、新聞報刊及西方科技的運用。其中最具影響的是萍鄉煤礦

1　傅春官：《農工商礦紀略·清江縣·商務》。

的創辦和南潯鐵路的修建，這是晚清江西經濟的兩朵奇葩，對江西、對全國皆有重大影響。同時，在這一階段，革命思想活躍，革命鬥爭頻繁，最終導致了萍瀏醴大起義，九江、南昌的獨立及全省的光復。經濟的衰敗和革命的發展，導致了清朝統治在江西的覆滅，從此江西迎來了新生，雖然新生依然多災多難，但畢竟結束了封建黑暗統治，人們看到了希望和曙光。

始終貫穿晚清江西歷史的主線有兩條，一條是民族矛盾構成江西社會最主要的矛盾，另一條是江西經濟、文化地位逐漸下降。

其一，隨著侵略戰爭的不斷爆發，帝國主義侵略勢力不斷吞食中國，加劇了中國殖民地和半殖民地化，產生嚴重的民族危機。一八五八年，中英《天津條約》的簽訂，九江被列為通商口岸，西方資本主義勢力通過九江逐漸滲透到在江西內腹地區，破壞了傳統的自給自足的自然經濟，加速了廣大手工業、船運業的破產，造成大量的失業農民和手工業者，使江西感到空前的經濟危機。教堂的設立和傳教的自由，使基督教勢力和西方文化滲透到江西每一個角落，尤其是傳教士凌駕於中國官府和法律之上的特權和不少教民的為非作歹，造成江西教案風波迭起，以兩次南昌教案為中心的反洋教鬥爭，在江西表現得既頻繁又猛烈。傳教士宣揚的西方民主平等思想和基督教文化，嚴重衝擊著中國傳統的君權思想和儒家道統文化，由此產生了強烈的信仰危機。三大危機的並現，是民族矛盾尖銳的集中反映，也是晚清江西社會劇烈動盪的主要原因。

其二，晚清時期，全國政治、經濟格局正在發生日新月異的

變化，江西在全國格局的重新組合中，逐漸走向了邊緣化的過程，這主要表現在：

首先，從獨口通商到五口通商，再到長江流域的全面開放，全國經濟格局發生了極大變化。從商路而言，由以前南北縱向的商路轉到以長江流域為主體的東西橫向商路的格局。江西在傳統社會時期的過境貿易直接受到影響，江西傳統的獨特優勢逐漸喪失。正如傅春官所言：「昔之所謂樟樹、吳城最盛之埠，其商業十減八九，蓋自天津條約立，長江輪船通行，洋貨之由粵入江，由江復出口者，悉由上海徑運內地，而江西商人之往來漢口金陵，不過本地土產，為數不多，輸出輸入之貨減，故商埠寥落之形見。」[2]這種變化直接引起江西社會的邊緣化。

其次，就江西自身而言，其也有個變化的過程，隨著長江流域的全面開放，九江開埠，江西的貿易格局也在悄然的發生變化。以前由玉山──河口──贛江──梅嶺──廣州商道重要地位的喪失，逐漸轉向以九江為中心面向長江流域的格局。江西境內主要的進出貨物運輸線路，雖仍走贛江水系，但已形成了以九江為中樞的贛州──吉安──樟樹──南昌──吳城──湖口──九江的基本構架。這一變化，使得贛北在江西的地位逐漸加重，但由於九江處於次一級的口岸，它深受長江流域其他口岸的制約，總體經濟形勢處於邊緣化的態勢。

2　傅春官：《江西商務說略》，《江西官報》，丙午年（1906年）第二十七期。

複次，文化也逐漸衰微。江西是以稻、棉為主要農產品生產的農業大省，在商品經濟不斷發展和新式企業不斷湧現的近代化進程中，江西必然慘遭天演之變。經濟的落後帶來文化的衰敗。有明一代，江西考取狀元十九人，官居宰輔二十三人，至前清，凡一九六年間，只有狀元四人，宰輔六人，延至晚清，江西無一人中狀元（光緒十八年，頭名狀元為江西盧陵人姚福祧，但姚氏當時寄籍廣西，不屬江西考額），無一人居相位，特別是同治以後，自胡家玉罷後，「垂三十年，江西無三品京官」，較有名的陳寶箴，位居一品而官湖南，文廷式頗受光緒帝賞識，也只位居四品，陳熾備受帝黨青睞，卻只位居五品。三十年後的李盛鐸、李有棻，雖位居二品，在中國歷史舞台上卻無足輕重。而獨領風騷的文人墨客和著名科學家、教育家更是寥若晨星，新式學堂的興辦，也比全國乃至鄰省整整晚了半個世紀。

綜觀晚清江西，在屈辱的殖民地化過程中有頑強不息的抗爭，在積貧積弱的衰敗中有近代化的端倪，壓迫與抗爭並舉，落後與進步並存，內容豐富，層面多元，由「傳統社會」轉型到「近代社會」，伴隨陣痛，也有驕傲。

本書章節按歷史發展時序編排，間或穿插重要專題編寫，以敘述為主，略加簡要的評論，重要歷史人物，不以經傳體描述，不以歸類評價，而是讓其在歷史過程和重大事件中自然顯現。本書共分八章，是集體研究的成果。其中第一章第一節第三節、第二章、第四章、第五章第一節第二節、第六章、第八章（大部分）由趙樹貴撰寫，第三章由曾麗雅撰寫，第七章及第一章第二節中的部分內容由吳峰執筆，第五章第三節和第八章裡面的部分

內容由龐振宇執筆，他們對其所撰章節頗有研究。全書由趙樹貴、陳曉鳴纂輯、統稿。

　　本書在撰寫和定稿過程中，得到編委會及編輯諸多同志的悉心指點，尤其是邵鴻同志仔細閱讀了全文，提出了許多寶貴的修改意見。江西人民出版社游道勤、陳曉蓉在出版該書時付出很多的辛苦，在此一併致謝。由於該書出於眾人之手，文風較難統一，而且章節之間也難以平衡，同時也由於研究不夠，書中難免出現謬誤之處，誠請同仁和廣大讀者批評指正。

目錄

第一章｜步入晚清之際的江西社會

第四章｜文化衝突與教案風波

第七章｜晚清江西經濟

第八章｜晚清江西文化

第一章————

步入晚清之際的江西社會

本書所說的晚清，主要相對前清而言，時間從第一次鴉片戰爭（1840 年）算起，到一九一一年辛亥革命爆發為止，前後七十一年。步入晚清之際，全球和中國的局勢正在日益發生變化，但深處內腹地區的江西，其政治體制、經濟形態、社會秩序等，大體上仍沿襲清朝前期歷史的框架，本章就此作些簡要的介紹。

第一節 ▶ 晚清之際的內外環境

一 擴張與開放的世界

（一）西方資本主義的迅速發展

中世紀後期，歐亞大陸的三個世界發生了根本性的轉變：一方面，強大的穆斯林世界和儒家世界急遽向下滑波；而另一方面，落後的歐亞大陸的西端的基督教世界經過一場空前的大變革而崛起。崛起的西方世界迅速建立了一個強大的資本主義世界，並積極地向海外開拓商品市場，展開了大規模的殖民活動。

十五至十六世紀，位於伊比利亞半島的葡萄牙、西班牙，首先在海上嶄露頭角，耀武揚威，顯赫一時。他們發現了新大陸，開闢了新航道，成功地進行環球航行。接著，又野心勃勃地在大西洋劃定了世界第一條分界線，並在各自認為擁有的半個世界中建立起一個又一個的殖民地。他們足跡遍及三大洋，殖民地遍布五大洲。

到了十六世紀中葉，尼德蘭發生歐洲最早的資產階級革命，

成立了尼德蘭共和國，利用其西朝英國和大西洋的優良港灣，又背靠巨大的法國內地的優越地理位置，尼德蘭共和國很快取代葡萄牙和西班牙，成為當時世界上最大的殖民帝國。但是尼德蘭畢竟國度太小，資源不足，經過十七世紀與英、法兩次交戰，元氣耗盡，進入十八世紀以後，就不得不把殖民優勢地位讓給英國和法國。

英國和法國在十八至十九世紀瘋狂進行侵略擴張活動，這有其深刻的經濟、政治根源。英國於一六四四年爆發了資產階級革命，一六八八年建立資本主義制度，為資本主義發展掃清了道路，創造了前提條件。十七世紀中葉開始，產業革命在英國興起，並迅速波及整個西歐國家。產業革命使西方資本主義國家的工業以突飛猛進的速度發展，資產階級在它不到一百年的統治時期所創造的生產力，比過去一切世代創造的全部生產力還要多、還要大。以英國為例，到一八三五年，英國已擁有蒸汽機一九五三台，紗錠九百萬枚，年產生鐵一○二萬噸，煤三千萬噸。隨著近代西方資本主義工業的迅速發展，資本主義制度固有的不可克服的生產的社會性與占有制私人性之間的矛盾日趨尖銳，剩餘商品日漸增多，國內市場越來越顯得狹小。這樣就形成了一種十分強烈的機制：西方資本主義國家必須瘋狂地對外侵略擴張，以開闢新的商品市場和原料產地，以適應其資本主義經濟發展的需要。正如馬克思所說：「資本主義如果不經常擴大其統治範圍，如果不開發新地方並把非資本主義的古老國家捲入世界資本主義漩渦之中它就不能生存與發展。」

十八世紀的最大的國際事件，就是英法兩國在美洲、亞洲、

非洲爭奪殖民地霸權的鬥爭，英國憑藉著其強大的經濟實力、迅速發展起來的工業以及相對於法國的海軍比較優勢，最終戰勝法國，在世界各地建立了一個龐大的「日不落帝國」殖民體系，同時法、德、意、美等國也在各地紛紛爭奪殖民地。這一擴張給整個世界後來的歷史發展以極其嚴重的影響，它使西歐國家控制了外洋航線，征服了南北美洲和大洋洲的廣闊地區並向那裡大量移民，從而改變了世界各民族傳統的地區分布。通過擴張，西歐資本積累的速度大大加快，財富迅速增加，實力強大，到十九世紀中期，它們已滲入並控制了中東、印度和中國這些古老的歐亞文明中心。世界的一個小地區控制了其餘的大地區，這是人類發展史上前所未有的。隨著殖民擴張活動的開展，西方資產階級開拓了世界市場，使得一切國家的生產和消費都成為世界性的了，過去的那種地方的和民族的自給自足和閉關自守狀態，被各民族互相往來和互相依賴所代替，各國的聯繫越來越緊密，並逐漸成為一個整體。

（二）西方列強對亞洲的殖民活動

十七世紀開始，西方資本主義國家便開始侵略亞洲，此後其對亞洲的殖民侵略活動，大致經歷了三個發展階段。

第一階段，是原始資本積累階段。從十七世紀初歐洲資本主義勢力侵入亞洲，一直到十八世紀末、十九世紀初產業革命，在幾個主要資本主義國家取得重大發展之前，西方國家對亞洲的殖民擴張都帶有原始資本積累性質。它們主要採用海盜式襲擊、殖民戰爭、欺詐性貿易、赤裸裸地掠奪亞洲人民的財富，再把這些

財富運回宗主國變成擴大再生產的資本。

第二階段是自由貿易階段。從十八世紀末、十九世紀初，延伸到十九世紀末，隨著產業革命的繼續發展，工業資本家登上政治舞台，西歐主要資本主義國家進入自由資本主義階段，需要進口廉價的原料以降低生產成本，進一步打開世界各地市場以擴大商品銷路，於是自由貿易便成了它們的新經濟政策。這一階段，歐洲資本主義列強的擴張重點已從美洲移到了亞洲，它們對亞洲各國實行廉價商品的傾銷和原料的掠奪，如果遇到抵抗就發動大規模侵略戰爭，迫使對方接受不平等條約，以實行其既定的國策。這種侵略觸動了亞洲許多封建國家的經濟基礎，給亞洲各國原有的封建制度帶來了嚴重危機，直接啟動了亞洲各國社會從傳統向近代的轉型。

第三階段是帝國主義階段。從十九世紀末開始，西方資本主義已發展到帝國主義階段，它們對亞洲的侵略也相應地發生了變化，除商品的傾銷和原料的掠奪之處，又開始進行資本的輸出。在這一階段中，帝國主義各國爭奪向亞洲國家投資的機會，控制亞洲國家的經濟命脈，對亞洲的殖民地、半殖民地實行分割和重新分割。

在遭受西方國家侵略的過程中，亞洲各國近代的命運各有自己的特點。印度、印度尼西亞等國，早在資本的原始積累階段，就已經被英國、荷蘭等資本主義國家的壟斷貿易公司蠶食鯨吞，完全淪為它們直接統治的殖民地。奧斯曼帝國和波斯帝國，十六至十七世紀曾盛極一時，但到了十八世紀後期，西歐資本主義國家利用「特權條約制度」在軍事、政治、經濟、文化各個領域，

逐步地合法地控制了這兩帝國。中國、日本、朝鮮是另外一類，在鴉片戰爭之前，這三個國家都沒有淪為殖民地，也沒有簽訂「特權條約」，國門始終沒有被打破。

清王朝的極盛之時為「康乾盛世」，但到乾隆中晚年，由於帝王驕奢、和珅擅權、朝綱腐敗、官吏貪黷，清王朝開始由盛轉衰，國力虛空，各種社會矛盾開始激化，朝廷腐敗沒落之勢已見端倪。直到道光，即第一次鴉片戰爭爆發，隨之而來的是南京條約的簽訂，中國社會開始淪為半殖民地的境地，同時也開始融入全球化的發展框架之中。

二 清王朝的逐漸衰落

十八世紀的中國政治、經濟軍事、文化各方面都達到了前所未有的水平。但是，如果將這些成就放在十八世紀的世界文明之中和歐美的主要國家加以橫向比較，那就會呈現出另一幅黯然失色的圖景。十八世紀的西方國家基於自己的傳統，已經走出了中世紀，這些國家經過資產階級的政治革命、工業革命科學昌明，進入了資本主義時代。而十八世紀的中國還遠未走完封建社會由量變到質變的過程。尤其是在乾隆年間以後，中國已經表現出明顯的衰敗跡象。

經濟上，當時占統治地位的依然是封建的自然經濟，農民以一家一戶為單位，使用幾千年前留下來的農具進行生產，生產力沒有提高的跡象。從明朝中期開始，中國封建社會內部已經孕育著資本主義生產關係的萌芽，甚至出現過具有資本主義性質的手工工場，但是，中國資本主義萌芽發育先天不足，後天失調，進

展得非常緩慢，直到鴉片戰爭之前中國的資本主義萌芽在封建自然經濟的汪洋大海中，依然猶如滄海一粟。當時封建土地集中現象十分嚴重，大多數土地集中在官僚地主手中，由於地少人多，地租的剝削率十分嚴重，人民群眾過著飢寒交迫的生活。

　　清朝的政治統治，當時也已經腐朽不堪。從朝廷到地方，各級官吏大都昏庸無能。當時有人說：清朝大小官吏除富貴之外，不知國計民生為何事；除結黨營私之外，不知人才為何物；整個官場一片黑暗，賄賂成風。權臣和珅的例子就是一個典型，和珅在乾隆朝為官二十年，非法所得共計八億兩白銀，相當於清政府八年的財政收入的總和。當時民間流行的一句俗語：「三年清知府，十萬雪花銀」就是當時吏治腐敗的生動寫照。從皇帝到知縣，封建統治體制超常穩定，整個政治領域，看不到任何民主政治的跡象。

　　從軍事上看，當時清王朝擁有二十二萬八旗兵和六十六萬綠營兵，但不論是八旗兵還是綠營兵，都已腐敗不堪，戰鬥力十分低下。從武器裝備情況看，清軍主要是刀、矛、弓箭等傳統冷兵器，火繩槍、滑膛槍等老式火器都非常少，再就是一些笨重的鑄銅炮和鐵炮，水師用的戰船不過是用薄板舊釘製成。問題不單是武器落後，而且清軍連這些落後的武器的使用方法也不熟悉，甚至根本不知道。從軍事的管理和訓練的情況看，由於承平日久，無論是八旗兵還是綠營兵都缺乏必要的訓練和嚴格的紀律，平日裡三五成群，吃喝嫖賭，且大多數是「雙槍兵」吸食鴉片。軍官們不理軍務，只知剋扣軍餉，花天酒地，這樣的軍隊根本就不可能有什麼戰鬥力。事實上，在第一次鴉片戰爭中，英國派到中國

作戰的兵力一開始只有六千人，最多時也才一點五萬人，而清政府前後派出了八十萬所謂的精兵良將，結果英國勢如破竹，清軍一路慘敗。

從思想文化角度看，清政府實行嚴厲的文化專制政策。一方面極力提高程朱理學，鼓吹孔孟之道、三綱五常，以八股文取士籠絡知識分子，禁錮人們的思想。另一方面，又大興文字獄，其凶殘程度超過歷史上任何一個朝代。乾隆時詩人沈德潛曾寫詠花詩「奪朱非正色，異種也稱王」的句子，被認為是諷刺清朝的民族統治，結果遭到剖棺戮；胡中藻有一句詩說「一把心腸論濁清」，就被凌遲處死。這種文化高壓政策造成了思想文化的沉寂局面，知識分子普遍感覺到非常壓抑，正如龔自珍在《己亥雜詩》裡所說：「九州生氣恃風雷，萬馬齊暗究可哀，我勸天公重抖擻，不拘一格降人才。」

從「康乾盛世」到「嘉道中衰」，對江西的社會發展，不可能不產生深刻影響：一方面江西是整體中國的一部分，江西近代社會隨著整個中國社會的發展而發展。另一方面也決定了江西近代社會轉型，既是古老歷史傳統在新時代的驟然斷裂和近代化因素的被動嫁接，又是以往歷史傳統在近代靜悄悄的綿延，社會轉型具有傳統與近代互相交錯、新與舊相互雜糅、社會轉型不順暢、不徹底的顯著特點。

第二節 ▶ 傳統的經濟形態

　　儘管世界格局在變，清王朝的統治也正面臨變化。但是，江西的經濟形態還在舊有的框架內慣性運行，其財政結構、生產方式基本沒有大的變動。

一　賦稅與用度

（一）稅收

　　有清一代的稅收，大體可分為四類：其一是人頭稅：計口納稅，稱為丁賦，凡年滿十六歲之男子起始抽稅，六十告老，賦稅義務終止；其二是收益稅：有田賦、營業稅（包括當稅與牙稅）、礦稅三種；其三是消費稅：包括鹽稅、茶稅、酒稅、漁稅、土藥稅、釐金、關稅等。其四是流通稅：包括註冊稅、契稅等。[1]

　　晚清之際，其稅賦還比較簡單。這四類賦稅當中，以田賦及丁賦為基本歲收。而消費稅和流通稅相對較少，只是到了清末開始受到重視。現將其具體情況分敘於下：

　　地丁：田賦與丁賦合稱地丁。在雍正之前，田賦與丁賦是分開徵收的，且有一定的定額。康熙皇帝為簡化手續，並丁賦入田賦，稱為地丁。[2]由此可知，丁賦的負擔與人口的多寡，原有直

1　吳兆莘：《中國稅制史》下，商務印書館 1937 年版，第 9-10 頁。

2　丁銀攤入地畝：康熙五十二年諭丁賦勿增勿減，永為定額；五十五年諭丁賦合併徵收，原則為地賦一兩，丁賦二錢。江西所屬丁銀撥入地

接的關係，以後成了定額，便不再變動；³而田賦則與土地的多寡相聯，是計畝徵收。

從丁賦來看，據光緒《江西通志》卷八三至八四《經政略·田賦》所載，江西通省丁銀 181819.85 兩，各府由於人丁多寡不一而有差別，其分府承擔如下：

南昌府：21156.41 兩

瑞州府：7841.34 兩

袁州府：9892.95 兩

臨江府：14971.23 兩

吉安府：28693.41 兩

撫州府：23197.21 兩

建昌府：9451.44 兩

廣信府：13530.23 兩

饒州府：19931.13 兩

南康府：7898.15 兩

九江府：7445.44 兩

畝屯糧完納，凡地賦一兩合攤丁銀一錢五釐六毫，屯地丁銀二分九釐一毫有奇；民賦田畝科銀一釐三毫三絲六忽至一錢一分七釐一絲三忽有奇。乾隆三十七年，丁賦統於田賦，不再編審。（見《大清會典·事例》，卷一五七；光緒《江西通志》卷八三，《經政略·田賦》）。

3　康熙五十一年（1712 年）皇帝下詔曰：「各省督撫奏：編審人丁數目，並未將加增之數盡行開報。今海內承平已久，戶口日繁，若按見在人丁加征錢糧實有不可。人丁雖增，地畝並未加廣。應令直省督撫，將見今錢糧冊內有名丁數，勾增勾減，永為定額。其自後所生人丁，不必徵收錢糧。」（《東華錄》康熙朝，康熙五十一年二月己亥）。

南安府：5065.9 兩

贛州府：7988.98 兩

寧都州：4756.01 兩

從上述可知，承擔丁賦最多的是吉安府，為 28693.41 兩，次則為南昌府，為 21156.41 兩；最少的是寧都直隸州，僅為 4756.01 兩。從中可以看出，十四府州的人丁是否興旺，間接測知其經濟力量。大體而言，贛撫平原、吉泰平原地區的人口比較集中，人力資源與經濟力量較大，而贛南山區則相對貧乏。

田賦：從清初年到光緒年間，耕地是在不斷增加。但是田賦依照定額徵收，耕地雖有增加，政府所得並無改變。定額所以不增，一方面是政府的態度消極，沒有實地丈量土地；另一方面，土地所有者，不僅不升科報備，往往反而報荒要求剔除原額。[4]田賦的徵收，一為征銀，一為徵糧，[5]據光緒《江西通志》八三《經政略·田賦》所載：晚清之際江西實征銀 1697106.59 兩，徵收田糧約 940839.54 石，各府的負擔不一。

消費與流通稅：江西稅收除了地丁之外，便是鹽引。江西境內不產鹽，依照戶部的規定，南昌、瑞州、袁州、臨江、吉安、撫州、建昌、饒州、南康、九江等十府食淮鹽，廣信府食浙鹽，

4　光緒《江西通志》卷八三，《經政略·田賦》：自順治十年迄同治十二年，舊荒續荒升除抵補計實荒田地山塘一萬八千九百四十二頃五十六畝一分四釐。

5　亦稱條銀及九釐餉。

南安、贛州、寧都等三府州食粵鹽。全省食鹽消耗，在嘉慶十年為 277291 引，道光七年增至 277299 引，相對比較穩定。[6]如果按每引徵稅銀二兩，共計年入可達五十五萬餘兩。

關稅：也謂之榷關，就是在關津之地設關徵稅。為了區別於近代海關，也把傳統的榷關稱之為常關。[7]由於徵收科目及所屬關係不同，又有戶部關和工部關之分。「江右一省額設二關，贛關抽收江粵往來商稅，九江關抽收江楚往來船稅」。[8]從乾隆二十二年（1757 年）至五口通商（1842 年）前，贛關每年總稅收入均在九點六萬兩以上；[9]九江關的常年稅收在晚清之際卻是不斷增加。江西巡撫劉坤一在追述當時九江榷關繁忙景象時評說：「從前（九江）民豐物埠，船貨流通，收稅暢旺，遞年加增」，「旺收之年，……征銀至五十餘萬（兩）」[10]。在長江中下游是令人十分注目的。下表所列為九江關從清乾隆年間至道光年間的稅銀收入：

6　光緒《江西通志》卷八六，《經政略・鹽法》。

7　高柳松一郎：「戶關、工關之名稱，在清代亦未能通用於全國，因地方之不同，而有所謂的鈔關、老關、舊關、大關之名稱」；「常關稅為中國固有之最古的國內關稅。要而言之，除外人管理之海關以外，凡以關名之徵稅機關，均應包括於今之常關中者也」。筆者從高柳松一郎的觀點。（參見高柳松一郎著：《中國關稅制度論》，商務印書館 1924 年版，第 41 頁。）

8　檔案：乾隆十四年五月十九日唐綏祖折。

9　參見黃志繁、廖聲豐《清代贛南商品經濟研究——山區經濟典型個案》，學苑出版社 2005 年版，第 157 頁。

10　光緒《江西通志》卷八七，《榷稅》。

・清代九江關稅銀收入表（單位：兩）

年份	稅收	年度	稅收	年度	稅收
乾隆三十六年	545639	乾隆五十五年	690970.414	嘉慶二十年	496809.991
乾隆三十七年	639438	乾隆五十六年	703304.614	嘉慶二十一年	520566.741
乾隆三十八年	651767	乾隆五十七年	704056.81	嘉慶二十三年	542679.118
乾隆四十年	661384	乾隆五十八年	612990	嘉慶二十五年	530623.188
乾隆四十一年	662129	乾隆五十九年	534651.056	道光元年	584565.218
乾隆四十二年	655919.206	乾隆六十年	546347.827	道光二年	584687.79
乾隆四十三年	667890.698	嘉慶四年	567054.4	道光三年	579403.747
乾隆四十四年	684722	嘉慶五年	567821.26	道光四年	584127.27
乾隆四十五年	647753.45	嘉慶八年	542951.32	道光五年	540674.56
乾隆四十六年	687113.54	嘉慶九年	561520.396	道光六年	523121.571
乾隆四十七年	704556.82	嘉慶十年	492187.13	道光七年	526917.1
乾隆四十八年	734467.639	嘉慶十一年	528760.39	道光八年	539493.426
乾隆四十九年	742077.329	嘉慶十二年	552154.465	道光九年	600008.521

乾隆五十年	743103.539	嘉慶十五年	514948.258	道光十年	541493.976
乾隆五十一年	743310.027	嘉慶十六年	514948.258	道光十四年	522468.632
乾隆五十二年	701890.042	嘉慶十七年	492123.389	道光十五年	531621.97
乾隆五十三年	658986.166	嘉慶十八年	582486.949	道光十六年	599670.298
乾隆五十四年	702220.052	嘉慶十九年	581323.657	道光十七年	603039.464

資料來源：《文獻叢刊》；宮中檔，硃批奏摺乾隆、嘉慶、道光時期等資料綜合製成。

可見，在江西產生的鹽稅和關稅，共計也有一百餘萬兩，在晚清之際是一筆相當可觀的收入。但它均作為清王朝的稅收，其地方是幾乎沒有存留的。

除此之外，尚有茶稅、酒稅、礦產稅及租稅課等項，在晚清之際該項收入極為有限，只是到了清末為解決財政困難徵課始有上升，且成為重要的稅收來源之一。

晚清之際，江西財政規模有多少呢？僅就田賦丁賦及各種雜稅，據光緒《江西通志》卷八三《經政略·田賦》所載：

江西通省原額官民田地山塘禾倉官樹四十七萬八千二百七十四頃五十六畝九份七釐二毫一絲四忽一微三……原編起存各款並加增九釐地畝銀共二百四萬七千九百六十兩二錢四

分五釐九毫八絲。（扣除各種豁免）……見在成熟田地山塘四十六萬一千七百六十三頃四十一畝二分三釐……實徵銀一百六十九萬七千一百六兩五錢九份二釐，帶徵丁銀一十八萬一千八百一十九兩八錢五分一釐，匠班折色、本色時價正腳及核減本色新增時價凡二萬七百六十三兩六錢二釐，商賈、茶、酒、租稅課鈔正腳凡一萬一千五百七十九兩六錢六分九釐，留抵虔標兵餉，贛關橋稅入門稅新增橋稅續增銅價凡四萬一千一百二十四兩五錢三分，兵糧耗費六千四十三兩一錢三分三釐，計共額征起存正襍銀一百九十五萬八千四百三十七兩三錢七分七釐，遇閏月加銀二萬三千三百三十八兩一錢二分八釐。原額漕南正副耗米一百四十二萬三千七十三石四斗六升四合三勺七抄四撮。（扣除各豁免）……凡實征米九十四萬八百三十九石五斗四升一合五勺八抄九撮。

可見江西一年徵收田賦丁賦及其他雜稅共計 1958437.37 兩，遇閏月加銀 23338.12 兩；徵米 940839.54 石。茲據光緒《江西通志》所載各府州情況列表於下：

・晚清之際江西田賦雜科分府情況一覽表（含丁賦）

府州	成熟田地山塘（頃）	徵熟糧（石）	徵正銀（兩）	徵雜銀（兩）	正雜共計（兩）
南昌	67928.722	234408.98	195743.42	27556.1	223299.52
瑞州	36809.836	69191.18	73365.97	9070.69	82436.66
袁州	23751.97	8034.13	92184.58	21957.36	114141.94

臨江	28930.82	92203.69	140185.04	17069.44	157254.48
吉安	49416.93	164135.42	267336.65	33757.32	301093.97
撫州	49867.18	83509.09	216255.92	27504.46	243760.38
建昌	17046.84	40761.83	88364.43	11499.03	99863.46
廣信	45727.56	52440.73	125995.21	16694.93	142690.14
饒州	69996.89	125539.22	186257.18	23582.14	209839.32
南康	18573.04	41692.12	73968.98	9737.75	83706.73
九江	12749.37	4407.32	69869.88	9680.51	79550.39
南安	7407.25	—	47783.93	5583.43	53367.36
贛州	20447.68	10331.55	75120.85	52253.82	127374.67
寧都州	13109.71	14183.23	44674.47	5383.55	50058.02

資料來源：光緒《江西通志》卷八三至八四《經政略・田賦》。附說明：1. 表中數據均是實徵數，而不是原定額數，其中扣除各種豁免；2. 正銀即地銀，雜銀包括丁銀、匠班折色本色、商賈、茶、酒、租稅等稅課。

（二）財稅與地方發展

清代賦稅，無國稅與地方稅之分，而中央財政仰給於各省，有所謂「解款制度」。所有稅收，理論上完全屬於中央，再由中央指撥用度。[11]中央與地方的劃分，每年都有「冬估」，若干該「解」、該「協」，若干「存留」，隱含現代財務行政之歲計制度作用。[12]江西是「有餘」的省份，除瞭解款之外，還要協濟他

---

11 吳兆莘：《中國稅制史》下，商務印書館 1937 年版，第 5 頁。

12 彭雨新：《清末中央與各省財政關係》，載吳相湘編《中國近代史論叢》第 3 輯，第 5 冊，第 5 頁。

省。大體而言，「起運」項下，包括中央解款及對他省的協款。「存留」才是地方的經費。[13]雖然如此，久而久之，「冬估」就成了一種形式，每年只討論新的用度，解、留各項，已成定額。大約起運占百分之八十左右；存留占百分之二十左右，地方經費極其有限。以有限的存留，僅敷支應官役俸給，其他均無著落。[14]這是地方不能發展的根本原因。地方用度不足，必須向中央請求補助，不得私自作主。[15]地方要想充實財政，只有加重耗羨，中央雖不正式承認，亦不得不默許。[16]但動用耗羨五萬兩以上者，仍須得到中央的批准。茲據光緒《江西通志》所載的起運與存留情況列表於下：

---

13 《欽定大清會典事例》卷一六九；《欽定戶部則例》卷二十，《庫藏篇》。

14 傳統的財政支出，90％為俸給，所餘 10％，供教育、祭祀、典禮、驛站、賞恤之用。幾乎沒有物質建設的項目。舊日的修橋補路，興修水利，為士紳的義務，地方官鮮有過問者。參見王業鍵：《清雍正時的財政改革》（《中央研究院史語所集刊》，第 32 冊，第 51-52 頁）；鄧青平：《清雍正年間的文官養廉制度》（《新亞學報》，卷 10，第 1 期）。

15 羅玉東：《光緒朝補救財政之方策》（《中國近代經濟史研究集刊》，卷 1，期 2，第 263 頁。）；王業鍵：《清雍正時的財政改革》（《中央研究史語所集刊》第 32 冊，第 51-52 頁。）

16 彭雨新：《清末中央與各省財政關係》，吳相湘編《中國近代史論叢》第 2 輯，第 5 冊，第 6 頁。

・晚清之際江西的起運與存留（單位：兩）

起運	地丁銀	1514263.92	存留	驛站銀	66778.80
	驛站銀	43218.31		經費銀	118039.89
	腳耗銀	12044.67		其他	169434.98
	折色物料正墊腳銀	34656.72			
共計	16041836.20		共計	354253.75	
占總額的 81.91%			占總額的 19.09%		

資料來源：光緒《江西通志》卷八三《經政略・田賦》。

總之，晚清之際，江西作為全國重要賦稅徵收之地，對清王朝的穩定和全國經濟發展都具有舉足輕重的作用。清王朝除在江西徵收 160 餘萬兩地丁銀外，每年還在江西徵糧 95 萬餘石，同時尚加鹽稅 50 餘萬兩，以及在江西境內發生的關稅約 60 萬到 70 餘萬兩，其數目是十分驚人的。所以《清史稿・食貨志》稱：「天下財賦，惟江南、浙江、江西為重」。在一八五四年以前，清王朝每年還在江西額徵漕糧 57 萬石，僅次於江蘇、浙江，在有漕八省中居第三位。

儘管如此，江西的稅賦也還有很大的發展潛力。這一點可以從戶均負擔和人均負擔看出。江西從乾隆到道光時期人口保持在 1700 萬到 2300 萬左右，下表所列是江西各時期人口狀況：

・各時期江西人口狀況一覽表

年份	戶數	丁口數
乾隆四十七年	3747335	17632743

嘉慶七年	4063693	21112210
道光元年	4316603	23090291
咸豐元年	4574076	23874604
同治八年	4564916	23850811

資料來源：光緒《江西通志》卷四七《輿地略・戶口》。

　　如果按戶口狀況來平均的話，以道光元年戶口數量為例，其一年徵收田賦丁賦為 1958437.37 兩，徵米 940839.54 石，其戶數為 4316603 戶，平均每戶均攤田賦丁賦為 0.4537 兩，每戶均攤田糧 0.2179 石；如果按人口均攤田賦丁賦則為 0.0848 兩，即不到一錢；按人口均攤田糧則為 0.041 石，即不到一斗。可見晚清之際江西負擔情況是不算嚴重的，從理論上說百姓生活應該是比較富足的。但史家往往謂「人民不堪負擔」，所指當為清中葉以來的浮收、濫收。百姓最不堪者，為稅吏的予取予求，此詳後敘述。

二　稻作與經濟作物

　　江西的自然環境有一個重要特點，就是「宜農性」。江西的中北部和五大河下游是一片地勢平坦，河流交錯的鄱陽湖平原，其範圍北起長江，南到新幹、臨川，東抵貴溪，西至新余、上高，地跨二十五個市縣，面積三點六萬平方公里。在平原的外側，是平緩的紅色丘崗，較早開闢為旱地和水田。在平原的內側是海拔五十米以下的濱湖圩區，整個鄱陽湖地帶，河湖密布，阡

陌縱橫，草洲灘地連片，池沼稻田相間，土壤肥美，氣候四季分明，溫暖濕潤，日照充分，雨量豐沛，自秦漢以來就有中國「魚米之鄉」之美譽。優越的地理環境，孕育了古代江西繁榮發達的封建經濟，魏晉南北朝以來，江西已成為重要的糧食基地。

延至清代，江西的農業生產有了進一步的發展。順治年間及康熙初年，清政府曾多次發布招墾令，令民開墾荒地，並以開墾荒地的多少作為各級政府官員的升降的標準。如康熙元年政府規定：「各省荒地，道府一年內開墾千頃以上者記錄一次，三千頃以上者加級，四千頃以上加一級，記錄一次六千頃以上者加二級；州縣官開墾百頃以上者加一級，記錄一次六百頃以上者加二級。」[17]在「三藩之亂」平息之後，清政府繼續大規模招墾，閩粵二省人口（以客家人為主流）大量遷入江西，促使江西各地荒田及山區得到進一步的開發。以下為清中前期江西的墾荒數：

・清代中前期墾荒數量表（單位：畝）

年份	戶數	丁口數
順治十八年（1661）	444303	《清文獻通考》
康熙二十四年（1685）	451610	康熙《會典》
乾隆十八年（1753）	485577	雍正《會典》
乾隆三十一年（1766）	467064	乾隆《會典》

17 《清會典側例》卷十五，《田宅》。

乾隆四十九年 （1784）	472740	《清文獻通考》
道光二年（1822）	462187	《嘉慶一統志》

荒地的大量開墾及山區的開發，使江西耕地面積有所增加，到乾隆、嘉慶時期已達到四十七點八萬餘頃，對清代江西農業的發展起了重要的作用，稻穀與其他經濟作物得到普遍種植。

（一）水稻種植

江西水稻種植十分普遍。十八世紀末江西開始有間作稻，即雙季稻。清道光十三年（1834 年）李彥章《江南催耕課稻篇》中有：「早稻既種，旋以晚稻參插其間，江西的袁州、臨江等府盛行之。」光緒二十九年（1903 年）何剛德著的《撫郡農產考略》亦提到「刈去早稻，重複插秧」。「獲稻後將其田復栽二遍秧」，即指雙季連作稻。同時「亦間有早粘未刈之時，插秧其中者」。多熟種植（雙季稻）肯定比單季種植增產，這給農民帶來了好的收成。據《撫郡農產考略》中記載，清末早稻（西鄉早）畝產 3 石穀；連作晚稻（抑葉早二淮，袁腳老）的產量高的為 3 石，一般為 2 石，低的 1 石，平均為 2 石穀；間作晚稻產量為 3 石穀；單季晚稻（八月白、晚白、金包銀）上地約可收 4 石穀。據此可知，連作稻的產量為 5 石穀，間作稻的產量為 6 石穀，分別比單季晚稻增產 1 至 2 石穀，即增產 25%～50%。

水稻產區劃分方面，前清及晚清江西對水稻產區區劃無明確劃分概念，但不同地域的勞動人民在長期生產實踐中，針對不同

的土宜、光溫、水肥等自然條件來確定最適種植的稻種類型，自發地形成了種植小區區劃。乾隆十六年（1751年）《瀘溪縣（今資溪）志》記載：「瀘邑早白所種少，遲紅所種多，以其地宜然也。」同治九年（1870年）重修本又說：「瀘邑土宜所種晚稻多，早稻少，春社日浸種，蒔於立夏前後。」《大庾縣誌》亦有對該縣稻種分區的說法；「庾邑山高地陰，平陽兩收之田較他邑獨少，早稻所種無幾，晚稻種類不一，自冬徂夏，無非納稼之日，故三秋望雨比春夏更切。」清光緒年間，臨川知縣江召棠著《種田雜說》對地處丘陵河谷的臨川的生態條件與種植區劃描述得更為詳細：「臨川南鄉，山多而田高；外西鄉最低，內西鄉田仍高；東鄉高低田各半，北鄉即高者少，低者多。高田苦旱，低田苦潦。」水稻生產則根據生態條件作最適安排。「高田以十分之八種早稻，餘則以種棉、種芝麻，以春雨足地高又無水患也；秋季則以八分種豆及各色雜糧，以秋雨少而豆又不如晚稻之畏旱也。低田除極低者種大禾，水後田肥，必獲倍收之利，故農人雖春耕不獲一粒，而終不悔種早稻為多事」。據此，臨川水稻產區劃分是：「大抵高田宜種早稻，晚季則利在雜糧，低田則種早稻間或有收，而大禾卻靠得住。」

　　江西栽培的水稻品種眾多，據《江西地方誌農產資料彙編》（1963年出版）統計，江西六十一縣栽培的水稻品種共有一二三個，其中秈稻七九五個，糯稻四一八個。清末《撫郡農產考略》（1904年）載臨川水稻品種三十八個，早、晚秈稻為二十七個，糯稻十一個，糯稻品種占三分之一。從歷史上看，江西的水稻類型並無多大變動，雖經秈改粳、減糯增秈等改革，但仍是秈

稻為主，粳稻、糯稻所占比重不大、早稻極少的格局。但經過長期栽培與自然條件影響之後，水稻的熟期類型與品種更加豐富，分化出特早熟、早熟（早熟中又有早、中、遲熟）、中熟、晚熟（晚熟中也有早、中、遲熟）等多種的氣候生態型，也使江西在晚清時間成為重要的糧食產銷基地。

（二）經濟作物

除了水稻種植之外，其他經濟作物在江西也得到普遍種植。我們可以從以下幾種主要的經濟作物的種植，來考察晚清之際江西經濟作物的發展狀況：

菸草：菸草傳入贛南後，發展很快，「贛南邑遍植之」，[18]而瑞金則成為贛南的主要植煙區。到道光時期，已是「無地不種，無人不食，竟為日用必須之物」。[19]新城的種煙業發展很快，到嘉慶年間已是「家家種煙，禁不能止」[20]廣信府煙葉種植也很出名，乾隆《廣信府志》載：「廣豐煙葉盛行於閩」，[21]鉛山縣也「人多植之」。[22]

甘蔗：隨著閩、粵流民在贛南活動的加強，贛南的甘蔗種植業也迅速發展起來。「甘蔗，城州各邑皆產，而贛縣、雩都、信

18　乾隆《贛州府志》卷二，《物產》。
19　道光《瑞金縣志》卷二，《物產》。
20　同治《新城縣志》卷一。
21　乾隆《廣信府志》卷二，《物產》。
22　同治《鉛山縣志》卷五，《物產》。

豐最多」。[23]撫州府甘蔗的種植較多，如東鄉，「果之屬，以蔗為多，種者常以畝計，煎為錫霜，較勝贛產」。[24]泰和縣在道光年間也開始種甘蔗，當時「贛人寄寓，攜植此種，近今沿河遍植矣」。[25]鉛山則「所在皆種」，且以「石塘中洲所出尤佳」。[26]樂平開始主要植於「三十三都、三十四都」，後來則「沿河各鄉多種之」。[27]建昌府也有種植，在南豐，於「東郊外沙地與縣西二十裡種之」。[28]

藍靛：清以前，其種植主要集中在贛南。清以後，藍靛的種植幾乎遍布全省各地，樂平縣「隨地皆有，大河水者佳」，[29]新城也於「田之磽者種藍」，[30]泰和縣在明代就有了種植。贛南的藍靛在明代基礎上繼續發展，種植面積進一步擴大，「山谷尤多」。[31]在興國，藍靛已成為重要的經濟作物，所獲「藍利頗饒」。[32]同時，藍靛也是撫州重要經濟作物之一，東鄉種藍靛較集中，「東鄉源取多藍靛，比戶皆種」。[33]

23　乾隆《贛州府志》卷二，《物產》。
24　同治《東鄉縣志》卷八，《風土》。
25　乾隆《贛州府志》卷二，《物產》。
26　同治《鉛山縣志》卷八，《物產》。
27　同治《樂平縣志》卷一，《物產》。
28　同治《南豐縣志》卷九，《物產》。
29　同治《樂平縣志》卷一，《物產》。
30　乾隆《新城縣志》卷七，《風俗》。
31　康熙《贛州府志》，《物產》。
32　道光《興國縣志》，《物產》。
33　同治《東鄉縣志》卷八，《風土》。

苧麻：在全省種植較廣泛，「撫州、建昌、寧都、廣信、籟州、南安、袁州苧最饒，緝轤織線，猶嘉湖之治絲」。[34]袁州府「山阪鬱鬱多白苧」，[35]種植頗多。撫州府各縣普遍種麻。宜黃「產苧麻甚盛」[36]。樂安「環境皆山……尤多種麻」。[37]盧陵「苧麻各鄉地俱藝之」。[38]分宜縣「邑北山地多種苧，其產甚廣」。[39]早在明中葉以前，贛南就有苧麻的種植，入清以來，贛南的苧麻就有了更大的發展。寧都「州俗無不緝麻之家」。[40]

棉花：主要集中在贛北地區。由於土壤和氣候條件的因素，九江府屬的德化、湖口、彭澤等縣原來就是傳統棉花種植區域。從明朝以來，九江的封郭、桑落二洲所產的棉花就以核小絨多而著稱。[41]從一些竹枝詞中的材料亦可以看出這一點：如清乾隆時人李天英就在《龍城竹枝詞》描寫彭澤植棉的情景時載道：「木棉如雪滿江鄉，一歲能儲兩歲糧。其道近來花價好，明朝蘇客又開裝」；「官糧不欠是神仙，大麥才收又種棉；好在鄰家新酒熟，三三五五疊猜拳」。[42]其出產的棉花多是小農與布相互交換的產

---

34 吳其睿：《植物名實圖》卷十四。

35 《施愚山詩集》卷十九，《麻棚謠》。

36 周炳文：《江西舊撫州府田賦之研究》，第 2 章《撫屬六縣田賦之概況》。

37 何剛德：《撫郡農產考附跋》，光緒二十九年。

38 乾隆《盧陵縣志》卷六，《輿地五·物產》。

39 同治《分宜縣志》卷一，《物產》。

40 道光《寧都直隸州志》卷十二，《土產》。

41 同治《德化縣志》卷九，《物產》。

42 見《彭澤縣志·藝文·詩》清同治十二年刊本。

品，是建立在狹小規模的市場基礎之上，因而數量極其有限。到清代後期，隨著市場需求量之擴大，九江種植面積大增，同治期間（1862-1874 年）《九江府志・物產志》載：「府屬五縣均產棉」；同治年間九江府「洲鄉宜粟，與黃豆並黍、稷、葛、秫、芝麻諸種號雜糧。近則木棉與雜糧各半。一以雜糧同時並播，艱於人工；一以木棉價值收成勝於他產，故凡值大有，洲鄉視山鄉尤豐。」[43]「木棉與雜糧各半」。[44] 在吉安也有種植。盧陵「各鄉地俱藝之」。[45] 同治《南豐縣誌》載：「近有種木棉者，亦土所宜」。[46] 新城「田之磽薄者⋯⋯或種木棉」。[47]

　　茶葉：主要分布在山區地帶，浮梁、德興、義寧州（今修水）等地是江西著名產茶區。義寧州在古代就以產茶著名，清代「道光間寧茶名益著，種蒔殆遍鄉村」。[48]《時報》光緒三十三年四月二十四日報導：「義寧州茶工麇集，因春雨過多，不能採摘，致市上食米敷，群情鼓噪」。可見，採茶人數之多，種植規模也一定不小。鉛山的茶葉也很出名，史載：「鉛山物產，紙外惟茶」。[49] 樂平茶葉「出名都，文山者尤佳」。[50] 贛南也是產茶區，

43 同治《九江府志》卷九，《物產》。
44 嘉慶《九江府志》卷十六，《物產》。
45 乾隆《盧陵縣志》卷六，《輿地五・物產》。
46 同治《南豐縣誌》卷九，《物產》。
47 乾隆《新城縣志》卷七，《風俗》。
48 同治《義寧州志》卷八，《物產》。
49 同治《鉛山縣志》卷五，《物產》。
50 同治《樂平縣志》卷一，《物產》。

贛州府「各邑山阜園地皆產」，較著名的有贛縣的「儲茶」，安遠的「九龍茶」。[51]

落花生：由於花生獲利倍於稻穀，種者亦頗多，瑞金縣「人多種之」。[52]到道光時期，寧都「種植亦多」，[53]撫州府各縣「皆有之，惟崇、東二邑較多」。[54]新喻「落花生，果中佳品，近來處處有之，喻邑尤多，八月間成熟，塞滿市常數日」。[55]

隨著經濟作物的普遍種植，某些地方開始出現了把稻田改種經濟作物的現象。瑞金縣「膏腴之田，半為煙土，半為稻場」。[56]大庾縣在康熙以後也是「種穀之田半為種煙之地」。[57]新城的菸草種植業也發展得很快，據統計折算，到嘉慶年間，煙田所占耕地面積大小戶合計約有三、四萬畝。[58]另一種種植面積較大的是甘蔗。在贛南的產蔗中心南康，甘蔗的種植「始於磽确，終及膏腴」，「嘉道以來，種植繁多，浮於禾稼」。[59]在大庾縣「經亙數千裡……種蔗不種麥，傚尤處處是」。[60]九江府「洲鄉近種木棉

---

51 乾隆《贛州府志》卷二，《物產》。

52 乾隆《瑞金縣志》，《物產》。

53 道光《寧都直隸州志》卷十二，《土產》。

54 何剛德：《撫郡農產考略》卷下，光緒二十八年。

55 同治《新喻縣志》卷二。

56 康熙《贛州府志》，《物產》。

57 乾隆《大庾縣志》，《物產》。

58 同治《新城縣志》卷一，《風俗》。

59 同治《南康縣志》卷一，《土產》。

60 乾隆《南安府志》卷二十一，餘光中《勘災道中詩》。

與雜糧各半」。[61]

　　隨著種植面積的擴大，出現了一些經濟作物的集中產區，上述經濟作物的發展概況反映，廣信府的廣豐，建昌府的新城及贛南的大部分是煙葉的主要產區，而以瑞金為最。撫州府、袁州府、贛南地區是苧麻的集中產地。木棉產地主要是九江府，而饒州府及義寧州則以產茶著名。甘蔗則主要產於撫州府及贛南地區。綜合來看，江西最主要的經濟作物產區當推贛南地區。

　　隨著清代江西部分地區經濟作物的大規模發展，在一些經濟作物的集中產地和產區，一些農戶不斷地擴大經濟作物的種植面積，經濟作物所獲得的收入逐漸形成了他們家庭收人的主要部分。由此，出現了一些經濟作物的專業種植者。在瑞金的一些地方，「緣鄉比戶，往往以種煙為務」。[62]一些流民往往靠專營經濟作物起家，康熙《瑞金縣誌》載：「自閩人流離於瑞，以蒔煙為生，往往徒手起家，驟擁雄資」。[63]嘉慶年間，新城也有一批「無恆產者」，「專靠貨田栽煙」的農戶。花卉種植業在贛南地區的發展過程中也出現了專業性的經營。據乾隆《贛州府志》記載，民間種植茉莉花「有專業者，圃中以千萬計」。[64]

　　專業種植者的出現，表明經濟作物的種植水平有所提高，種植規模有所擴大，這是清代江西經濟作物取得較大發展的重要標

61 光緒《江西通志》卷四九，《輿地略・物產》。

62 道光《瑞金縣志》卷十一，《藝文》，謝重拔《禁煙議》。

63 康熙《瑞金縣志》，《物產》。

64 乾隆《贛州府志》卷二，《物產》。

誌。

（三）農業災害

江西地處長江中下游，氣候溫暖，雨量充沛。境內有兩千四百多條大小河流縱橫流淌。因而，每當春夏之交的梅雨季節，由於雨量集中，往往河水暴漲，山洪暴發，造成水災。而盛夏或冬雨量少時，則往往形成旱災。與水、旱災相連的還有疫災、蝗災。此外，還有霜災、雹災等。因此，江西是一個自然災害頻發的地區。

江西最早有明確文字記載的自然災害始於東漢，從東漢至清末的一千九百多年間，江西農業比較嚴重的自然災害粗略地估計有八百多次，明清時期則發生五百八十四次，占百分之七十八點四。東漢至北宋末年這一千一百多年間，江西境內的農業自然災害種類較單一，以水、旱災害為主，還沒有冰雹和「冰凌」的記載，災害發生的頻率也不算高，每一六點六五年有一個災年。南宋、元期間，江西境內的農業自然災害已呈多樣化和高頻率，除水、旱、蝗饑災之外，已有冰凌、冰雹、風災、疫災的記載，且每二點一年就有一個災年。明至清末這五百四十三年中，江西自然災害的特點是多樣性、高頻率、連續性和嚴重性。

晚清江西自然災害中，水旱尤為嚴重，共發生水旱災難七十一次，其中洪災共五十七次，乾旱共二十四次。社會上下盡最大努力進行水利建設，不斷擴大旱澇保收面積，然而仍是下雨便漲水，漲水就成災；雨停又轉旱，出現大範圍的缺水枯乾地區。表現出頻度高、危害面廣、強度大、破壞性強、群發性和繼發性的

特點。

　　據統計，在一八六二至一九一一年的四十九年間，江西八十二縣中只有靖安、蓮花、遂川、金溪、玉山、信豐、會昌、安遠、龍南、石城、上猶等十一縣沒有水災；而南昌、瑞昌、波陽、餘干頗多，都在十次以上。根據專業部門對水災等級的劃分，[65]一八六二至一九一一年間，在洪災中，大洪災共發生四次，分別在 1862 年、1881 年、1884 年、1901 年，特大洪災共發生六次，分別在 1868 年、1869 年、1870 年、1876 年、1878 年、1882 年。例如：一八四八年，南昌、新建發生洪災，損失慘重；六月，「淹斃者無算」；七月，「淹人口無算」。新建自四至六月大水，七月，江水愈自湖口西溢，贛水養不下洩。西望惟見厭原（西山）為岸，餘三面江湖決溙，不惟田禾淹沒，即圩堤之高者水深數尺，低者水深丈餘。中旬內三日，狂風連作，或波蕩屋簷，或浪翻屋脊，牆垣棟宇傾，大村不惟減半，小村一掃無存，人物紛紛與水潦長逝，浮屍或散或連，連者多至十七。死亡無由按數而稽，遺民號哭之聲百數十里相接，從來水災無此嚴重。九月中旬，水稍落。第二年三月十八日，大風雨雷電，雹大

65　見江西科學技術出版社 1995 年版《江西省水利志》水災等級標準劃分，該志第 183-184 頁寫道：「水災災害程度輕重不等，等線劃分向無明確的統一標準。按範圍大小、歷時長短和災情輕重，將歷史水災年份劃分三個等級：凡史料中有『江西大水』、『全省大水』、『江西諸郡皆水』、『全省十三府大水』等記載，定為大水年。其災害程度近似建國前後發生的特大洪水，如 1915、1931、1954 年，定為特大洪水年。其他水災年份定為一般洪水年。」

如雞卵。引發大水，比上年高四尺餘，「被災愈極」。[66]一八七八年，南昌、臨江、吉安、瑞州、撫州、南康、九江等府大水，以饒州、廣信二府尤甚。濱湖各縣受災較重，圩堤多處損壞，巡撫李義敏緊急奏借銀元七一二〇〇枚，修復圩堤。一九〇一年，贛江、袁水及修河大水。宜春、分宜、新余五月傾盆大雨，袁水陡漲，德安連續七次山洪暴發，烏石門整月通街行船，沿河莊稼顆粒無收。

　　另外如旱災、雪災、蝗災也時有發生，但不如水災嚴重。例如：同治元年（1862 年）冬，新淦春雪，嚴冰五天，三湖一帶柑橘樹木根株盡壞；樂平、湖口、南豐、宜春、餘江縣等大雪，橘、柚、蔬菜等皆凍死。咸豐七年（1857 年），高安、永修、宜春等地飛蝗蔽日，擁食晚稻及雜糧，糧產大減，災民遍野。可見，農業災害的頻發，是江西傳統農業發展停滯的主要原因。

三　傳統手工業

　　清代康熙、雍正、乾隆三朝的社會經濟，有一個較大的發展，晚清之際，江西的手工業達到了歷史的高峰。現就幾種主要的傳統手工業簡要地介紹。

（一）製瓷業

　　江西省素以產瓷著稱，其主要產地為景德鎮，其因製瓷歷史

悠久（從漢代開始），被世人譽為「瓷都」，名噪一時，享譽中外，也為中國的一大驕傲。

明代，景德鎮已成為全國製瓷業的中心，它不僅要滿足國內外市場的需要，而且還負擔宮廷御瓷和朝廷對內、對外賜賞和交換的全部官窯器的製作。明末清初，景德鎮也和江西其他市鎮一樣，社會經濟蒙受戰亂的破壞，窯業受到慘重的打擊，瓷窯僅剩「十僅二三」。經過清初的恢復，江西的經濟社會得到發展，商品經濟逐漸活躍，景德鎮的製瓷業也逐步得到恢復，達到了封建社會時期景德鎮製瓷業的繁榮階段。青花瓷始終占據著彩瓷生產的主流地位，它釉上彩豐富多彩，創新頗多，約略可分為民間五彩、琺瑯彩、鬥彩、素三彩等品種。色釉在明代的基礎上有了很大的發展，其成就主要反映在景德鎮御廠的官窯器上。特點一是色釉名目繁多，品種多變：紅釉就有鐵紅、銅紅、金紅之分，藍釉亦有天藍、灑藍、霽藍之別，綠釉更有瓜皮綠、孔雀綠、秋葵綠之異，此外，尚有茄皮紫、烏金釉等等；二是燒製技術突飛猛進，在所有顏色釉中，高溫銅紅釉是燒製難度最大的一種；清代初期銅紅釉的燒製技術達到了歷史上的最高水平。傳統的青釉燒製技術到雍正時趨於穩定。

景德鎮製瓷以小型民營手工工場為主，也出現了聯合燒造的較大的手工工場。清中期，景德鎮瓷器的產量有大幅度的增長，年產量約三十萬擔左右。

陶瓷貿易在晚清也有較大提高，所產陶瓷除進貢朝廷大都出口。明清時期，景德鎮與樟樹鎮、吳城鎮、河口鎮共稱「江西四大鎮」，是工商業最昌盛的市鎮之一。其沿河建窯，沿窯成市。

全鎮「民窯二三百區，終歲煙火相望，工匠人夫，不下數十萬餘萬」，南洋歐美及國內外各埠駐鎮辦瓷行莊約有百餘家。鼎盛時代，輸出總值曾達一千四五百萬元。成為九江開埠通商以後江西的一大出口商品。

到十九世紀中葉，歐美各國及日本對陶瓷的研究和開發進一步重視，洋瓷充斥市場，景瓷國際市場銷路日窄；交通不便，瓷器輾轉搬運，破損較多；加上各地釐卡林立，致使大批瓷商因而裹足不前。景德鎮瓷器的國內市場也每況愈下。據統計，清同治三年（1864 年）九江瓷器輸出數尚有六六〇〇〇餘擔。但至光緒五年（1879 年）則降為五千〇四十六擔，成為最低點，前後年份多為一萬餘擔。景德鎮的瓷業到十九世紀中葉呈現逐漸衰落之勢的原因主要是：西方侵略者憑藉其經濟、軍事實力和在華不平等條約，向中國傾銷大量洋瓷；稅目繁多，貨經一地必納一次稅，致使瓷價倍增，「景德鎮瓷器昔年售價值五百萬金，近乃愈趨愈下，歲不及半。論者以製法不精，稅釐太重之故」，[67]這造成瓷業主為了同洋瓷抗爭和抵消稅捐的盤剝，便偷工減料，粗製濫造，因而使景德鎮的瓷器質量與昔日相比，大為遜色；日本回購白坯，精繪飾制，再轉銷於各國；景瓷「行銷中國之貨，恆多拘守舊式，不求精美，貶價出售，以故獲利甚微」。[68]

二十世紀初期，中國民族資本主義有了初步發展，一九〇三

---

67 光緒朝《東華續錄》。
68 《清朝續文獻通考》卷三八五，《實業八・工務》。

至一九〇八年間三個瓷業公司興建，其購置機器生產，採用新法。使景德鎮瓷業也迎來了復興和發展的極好機遇。

（二）手工製紙業

　　中國產紙區域遍及閩、湘、皖、浙、贛等省，但產量與質量各省均不如江西。晚清江西所產的紙品種多、質量好，較前期有很大進步。產紙區域也分布較廣。生產方式已由單純農村副業的手工造紙發展為將手工業者聯合起來的工場手工業造紙。

　　造紙的材料有毛竹、樹皮和稻草等，其中竹紙產量占首位，這主要是南方盛產毛竹。江西所產紙之種類有兩百種以上，可分為粗紙、細紙兩類。細紙有連史、毛邊、貢川、奏本、譜紙、宣紙、皮紙及仿造洋紙等；粗紙有蓬紙、火紙、把紙等。產紙區在全省八十一縣中已遍及五十三縣，而以「舊吉安府、南安府、贛州府、寧都州四屬為最；袁州府、廣信府、撫州府、建昌府四屬次之。其產額較多之縣份為石城、永豐、鉛山、德興、廣豐、高安、寧都、萬載、宜春、宜豐、貴溪、遂川、泰和、吉安、安福、贛州、黎川、金溪、河口鎮、奉新、靖安等縣」。[69]萬載、宜春以造表芯紙、粗紙為主，石城產重紙，永豐、吉安、龍泉、泰和、河口產毛邊紙，這其中泰和產毛邊紙品質為最佳，石塘鎮的觀星嶺所產官堆紙也很著名。鉛山「唯紙利天下，故四山皆以煮竹為生，小民藉以食其力十之三四」，所產連史紙，潔白細

69　張景瑞：《遊客話江西》，第 148 頁。

膩，厚薄均勻，久不變色，紙面帶有竹簾紋印，且有著墨鮮明、吸水易乾、防蛀耐熱的特點，行銷最廣。贛西北一帶的農民，用竹造紙，在二十餘方里中，有造紙槽一百五十多所，據估計一年可產把紙一點二萬擔。「他們雖也耕種了幾畝土地，可是大都是靠賣剩餘血汗來尋些用度的」，[70]造紙便是他們「尋找用度」的一大副業。

刻書業的發展使江西紙業的一度興旺，細紙需要量顯著增加。再加上江浙各地商號喜用河口連史紙包裹綢緞各物，使鉛山紙十分暢銷。鉛山一地手工造紙人員就占全縣人口十分之三四，槽戶多達兩千三百餘戶。「紙張一項，昔可售銀四五十萬兩」。石城坪山也以紙料堅白，未停科舉以前，銷路甚廣，昔年出口，不下百萬之數。由於竹紙銷路好，十九世紀八○年代以前，江西造紙業仍在擴大。有的讀書人也因建棚造紙和自運省城售賣，每年出紙二十萬石而成大富。全省「倚種竹造紙以為活，以安家業，而長子孫者，歲以將及萬人」。

江西所產紙張，除百分之四十供給本省之需要外，其餘均運往外省出售者，是江西省大宗輸出品之一，與瓷器、夏布鼎足而立。中國各省，大都可以有江西紙的蹤跡，其行銷範圍之廣，是其他產品無法比擬的。運往外省的，細紙主要銷往上海、浙江、南京、漢口、廣東及長江流域，粗紙則以南京、上海、安徽、山東、河南、河北等省為主要市場。運輸方面，東路系由玉山運往

浙江，再由浙江分銷江蘇，故多以杭州為集散地。北路由南昌或吳城運往各需要地，以九江為總匯。此外，南路則由贛南運銷廣東，西路則由萍鄉運銷湖南。

在紙張出口方面，除行銷全國外，並有多量運銷日本、南洋等處。國內外市場的需求，使江西手工紙業迅速發展起來。據萊德（Staneg Wright）在民國初年所著《江西之貿易與租稅》中估計，每年由九江海關輸出者為十二萬擔，由大姑塘常關輸出者每年在七十萬擔以上，再加本地所消費者連同計算，江西每年產量在一百萬擔以上。

但江西造紙純為農村家庭手工業，技術落後，資本微薄，所產紙韌度差，只能一面書寫或供手工印刷，不適應文化、教育、新聞發展要求，用作包裝也不如外紙牢固。於是，十九世紀末二十世紀初，土紙便敗於洋紙。此階段輸入江西的洋紙主要是日本機製紙。日本紙用以印書，兩面均可用，價格低廉，故而土紙銷售市場漸為其所奪。如鉛山紙「其價較賤，江浙綢絹布匹各店，均用鉛邑紙張包裹」。[71]洋紙盛行後，日紙雖不如土紙之光滑細膩，然商號考慮到價廉，樂於購用，因此鉛山紙迅即滯銷虧折，至光緒三十年（1904 年）因洋紙傾銷，形成鉛山紙售價不滿十萬。於是當年，黃大壎等商人認為，紙張為江西出口之大宗，近來洋紙盛行，銷場已停滯，而價值反而增高，很難抵制。如果不設法改良，有時會盡無。他們建議集股開辦「江西機器造紙公

71 《江西農工商礦紀略》，《鉛山縣・工務》。

司」，以實現振興土產，抵制日貨的目的。

馳名全國的連史紙，至一九一〇年，年產僅約萬餘擔，售銀、產量僅及盛時的二十分之一。其他產紙之處也是這種情況，瑞金毛邊紙「銷路極滯」。石城造紙戶「歇業者十居八九」。[72]原來江西萬載、宜春的表芯紙，關山紙都是有名的手工紙，原來行銷很廣，但由於洋紙盛行，難以抵制其競爭和受一八九四年甲午中日戰爭影響，紙商不敢將貨物運往北方銷售，「以致江西素有產紙有名之區，多有作糟因此輟業者」。至宣統三年（1911年），江西之「粗紙向銷於長江各埠，近年則因洋紙價廉物美，大受打擊，故紙業尤為失敗」。[73]總之，江西造紙業在洋紙打擊下，於第一次世界大戰前，已經奄奄一息。

（三）手工紡織業

在江西的農村，也和全國廣大農村一樣，一直是「男耕女織」，以自給自足的小農經濟為主。紡織生產作為農村的副業，一直延續了兩千多年。正如馬克思說「織布業是工場手工業的第一產業」，[74]它對國民經濟的近代化至關重要。在明清時期，江西已成為全國較重要的紡織區。

夏布是江西紡織業中的一大重要產品。宋以前，麻是主要的紡織原料之一。而到宋代，就全國而言，苧麻的大眾衣料地位被

---

72 《清朝續文獻通考》卷三九二，引自《江西商務紀略》。
73 彭澤益編：《中國近代手工業史資料》，第二輯第 483 頁。
74 《德意志意識形態》，《馬克思恩格斯全集》第 3 集第 6 頁。

棉花取代，但在江西，一直到清後期甚至民國時期，夏布仍然大量生產。這主要是因為當時江西全年衣被所需棉花約六十萬市擔，而本省所產棉花僅為十五萬市擔，為補充棉花之不足，便利用苧麻加工夏布。織夏布的苧麻線購自鄉間或在作坊店前收購，使之成為晚清江西一種極普遍的農村手工業。江西夏布生產方式有兩種，一種是農戶自己織布，自己留存一部分自用，其餘賣給夏布莊主或販子，還有少部分農戶無機織布，便用自家材料請織匠織布，付給適當工錢。這種方式是夏布生產的主導。另一種是在商業資本支配下的夏布生產，少數資產者備有織布機，僱傭男工，織工所得的報酬是計件的，一般織工每日工資約五百文。

　　晚清夏布生產，大部分農戶都是自己種麻，自己理麻與織布，「農夫植麻，女績為縷」，在寧都縣「俗無不緝麻之家」，[75]石城縣的夏布生產，成為「女紅之利」，[76]部分無織機農戶，將自己理好之麻請織匠織布，以解決家庭衣被之需要。「農夫植麻，女績為縷」的家庭遍於鄉間。德興縣的農村到處都見家庭加工夏布，「籌燈四壁，機聲軋軋，卒歲之謀，常取具於是」。[77]機杼之聲在萬載縣也處處可聞，全縣有一百多家作坊從事夏布生產。上高縣最盛時每年都有百萬元的夏布進行交易，宜黃則為「各處夏布集中之地」。[78]

---

75 道光《寧都直隸州志》卷十二。

76 道光《石城縣志》，《物產》。

77 《德興縣志》，《物產》（民國八年刊本）。

78 《江西特稅記要》（調查）第 14 頁。

江西全省八十三縣，除贛粵邊界及贛北鄱陽湖附近各縣外，均盛產夏布，其中以上高、萬載、宜黃、寧都等十九個縣區最為普遍，所產夏布最多。所產夏布除供本省需要外，國內主要銷往無錫、蕉湖、常州、蘇州、海門、上海、北京、山東等地，僅石城一縣每年銷往外地的就達十萬匹，九江開埠通商以後，成為土貨出口的重要商品之一，行銷朝鮮、日本、美國等國。

　　江西生產的夏布，以粗夏布、細夏布、漂白夏布三種為主，粗夏布一般用於做蚊帳，而細夏布光滑清亮，一般用於做衣服。夏布的特點為：韌性強固，耐洗濯；光澤潔白；硬挺平直；透風避暑；不粘體。因其有此種種特異優點，把它當作夏季服裝的原料，實為至上之品。其他若蚊帳、手帕、桌布、窗簾等，以夏布為之均組致潔白，美觀耐用。

　　關於手工織布業中棉布，農戶每年所織棉布除自用外，還有一定數量外銷。九江開埠後，洋貨傾銷。雖然洋布沒有土布耐用，但柔軟美觀，價格低廉，因而人們開始使用洋布。洋布進口勢頭迅猛。據海關資料，至十九世紀八〇年代末，洋布的進口量增長了一倍以上，絕大部分銷往南昌、吉安、贛州等地。由於洋布的競爭，土布逐漸走下坡路。我們可從吉安、鉛山、南昌可見一斑。吉安縣「向產棉布，銷售甚廣，近因洋布盛行，土布滯銷」，「有專治粵莊者，及暮即成。其積勤如此，故又謂之雞鳴布。十數年來，紡車朽蠹，而機杼不減於舊，蓋業布者市洋紗為之，貧婦計段責值而已，其縷不出於女紅，紡廢織存，婦織日墮，斯則外貨之為害也。又其染時，或雜以洋靛，而布色易換，

即粵莊亦漸衰矣」。[79]鉛山縣河口鎮，「系浙閩通衢，米糧之外，布帛為其大宗，而鉛土宜棉，婦工善織，人所共知。今家無尺布之機，女無寸絲之縷……即以河鎮所售之湖北巴布而論，歲銷數十萬金，洋布且更倍之」。[80]南昌縣有名的箈布也備受打擊，原來該縣「鄉村百里無不紡紗織布之家，勤者男女更代而織，雞鳴始止，旬日可得布十匹，贏利足兩貫餘，耕之所獲不逮於織。耕以足食，織以致餘，農家未有不勤織而富者，寡婦以織養舅姑、撫兒女者多有」。但是，「光緒中歲以後，箈布之業寝微，婦女愁嘆坐食，機杼不聞；間有織者，以洋紗為經，或經緯皆用洋紗，求昔之寇布無有矣」。[81]從這裡我們可以看出，洋布擠占土布，使傳統的耕織結合一變而為耕織分離，家庭經濟出現危機。到一八九○年後，洋布入銷量的增長勢頭逐漸為洋紗所取代。洋紗開始大量湧入江西。尤以英國為最（主要是其殖民地印度的棉紗）。機製紗初時只銷售於九江、南昌、廣信、贛州，後全省皆已流通。洋紗的湧入，使紡織業受到了嚴重的打擊，土布幾乎完全從生產中和市場上讓位出來。九江口岸從一八九四年起，根本不見國紗的蹤跡。到二十世紀初，江西各地開辦的一些官辦、商辦的新興紡織企業，幾乎都用洋紗，有的地方甚至由縣官出令勸諭，「民間改用洋紗，以期細密精勻」。

---

79 李文治：《中國近代農業史資料》第一輯第 505 頁。

80 張贊霖：《擬辦鵝湖織布公司條議》，《江西官報》甲辰年（1904 年）第十七期，函告。

81 光緒《南昌縣志》卷五六。

洋紗能如此廣泛、迅速地排擠土紗，占領市場，原因在於價低、質細、工省。「內地人民有盡用洋棉紗織成土布款式，取其工省，而價亦較土棉紗為廉，且較買市肆洋布，更為便宜」。撫州地區：「洋紗浸灌郡境，日盛一日，故棉花銷路遂滯。棉花二斤四五兩，可織成棉布一匹……同治間（1862-1874 年）棉布價高，一匹值錢二千。貧家婦女，恆持紡織以自活。自洋紗盛行，棉布之價遂日落。近日洋紗一稱，可成布五匹，匹價不及七百錢。婦女手工出紗，不如機器出者之勻細。上等布僅高二百錢，低者或不及之，往往不能償其本，故相率罷織。十年前（1892-1893）郡門一燈熒然，機聲徹曉，今無之勢。」[82]洋紗的盛行造成手工紡織業漸形衰退，進而導致棉花種植面積和產量下降。土紗從紡織中被排擠出來，導致了傳統的紡織結合變為紡織分離。另外，因土布業的衰敗，與它相關的軋花、彈花和土染業也遭受重大打擊。

（四）手工製茶業

江西為中國主要產茶區之一，茶葉種植遍及全省各地，有三十餘縣區出產茶葉，主要的產茶區有浮梁、修水、武寧、銅鼓、上饒、廣豐、婺源、玉山、德興、鉛山和橫峰等。江西茶農都懂得種茶、採茶、造茶、貯茶等。茶葉加工，以浮梁、修水、銅鼓、武寧、上饒、玉山、廣豐、鉛山、婺源等地最為普遍，質量

---

82 轉引自彭澤益《中國近代手工業史資料》第二冊第 219-220 頁，中華書局 1962 年版。

最佳。婺源綠茶加工精美;修水、銅鼓、武寧三縣的紅茶葉加工最負盛名,統稱寧紅茶;銅鼓紅茶,無論在品質還是製造,均較修水、武寧紅茶精細,其價格亦高。

贛茶加工者以茶農為主,他們「多以茶為副業」,製茶習俗相沿,皆為隨採隨製。這種茶農遍及全省各地,生產者從採摘到製成乾茶,每人一天只能製五斤左右,其加工方法是手揉腳踩,加工設備簡陋,只需飯鍋、布袋、簸箕、水缸,便可加工成紅、綠、青各種茶,家庭加工茶生產,規模小,加工時間季節性強,年生產日期只有二、三個月。揀茶業吸納了大量女性就業,是重要的社會變動趨向之一。《點石齋畫報》分析這是利益的驅動:「商人之僱傭女工也,以其價廉也;而婦女之樂為所用也,則視尋常女紅尤為利市」,婦女對揀茶的熱情來自於比做女紅更豐厚的利潤,這是向傳統農業社會生活方式和倫理習俗提出的挑戰。

在產茶區形成了一批以手工加工茶為主要生產的茶號,又稱茶莊,其任務主要是收購茶戶後加工成的毛茶加以精製銷售,這些茶號一般都是就地設棧招工,就地製作,工費較省,成本低,利較前時增多,贛縣「各鄉亦有藝茶為業者」。家庭作坊形式的茶號,產量少,一年只產三四十簧左右,資金也不多,但他們生產的茶作為商品流通於城鄉,也有相當部分是銷往國外。由於江西手工製茶業的雄厚基礎,在九江開埠通商以後,贛茶不僅在相當長的時期內占據贛省出口土貨貨值的首位,而且在全國也占有百分之二十至三十左右的份額。

從十九世紀末起,江西茶業開始衰敗,九江和河口的茶莊紛紛倒閉和修水茶的急遽衰退。《農學報》曾載「九江城廂內外,

往年茶莊林立，或五六十家三四十家不等。後來僅存十餘家。今年各茶商來者，更屬寥寥，僅四五家耳。利源日絀，可為慨然也」。[83]鉛山縣河口鎮的情況更慘。「從前河口鎮開設茶莊四十八家，可售價四五十萬元。近年一蹶不振，刻下河口僅止茶莊一家」。產茶區義寧州，衰退更為嚴重，茶商銳減。

這種衰敗主要是因為手工製茶的製作方法一直未加改進，生產成本高昂，而且稅捐繁重（茶葉貿易負擔的子口稅和出口稅沉重，「全部稅款在生葉價值的 50% 以上」[84]）加之印度、錫蘭、喀勿茶葉崛起，華商失去國際市場的獨占局面。外國茶葉採用機器製茶，工省費輕，顏色鮮明，氣味純美，不但價值不貴，而且運裝簡便。江西巡撫松壽曾慨嘆：「茶葉一項，近來印度等處，所產甚夥，精製暢銷，利被侵奪，致中國茶葉疲滯，茶商年年虧折，裹足不前。」[85]再加上整個茶市受洋商操縱，「洋商之抑勒太甚」，茶葉價格太低，種茶無利，生產者因此失去了積極性，加速了茶業的衰敗。

（五）製糖業

江西位於北緯二十五度至三十度之間，適於甘蔗的生長，故全省各縣均有甘蔗栽培，尤其以贛南、贛東居多。在製糖業方

---

83 轉引自《中國近代對外貿易史》第三冊第 1475 頁，中華書局 1962 年版。

84 姚賢鎬《中國近代對外貿易史資料》第 2 卷，第 1207-1208 頁。

85 清代鈔檔：《光緒二十六年八月二十六江西巡撫臣松壽奏》，轉引自彭澤益《中國近代手工業史料》第二冊第 186 頁，中華書局 1962 年版。

面，清中葉以後，贛南成為江西蔗糖重要產區，以南康、贛縣、雩都、大庾、信豐最多，出現「西北巨商，舟載交易，其利數倍」的局面。寧都「農家出糖多者，可賣數百金」。後來，種蔗技術傳入泰和，泰和、吉安成為江西新的蔗糖產區。清晚期，東鄉、樂平、餘干、金溪等地，陸續將蔗試榨，熬成紅糖多為農村自用，部分出售。由於產糖縣份增多，江西成為全國第三位的產糖大省。但多數品質不佳，行銷不遠。

十九世紀末，洋糖以其「色澤瑩白，人咸愛之」大量輸入，江西「舊日之糖，銷路日微」。同治年間，江西「各糖行多有虧折……大為減色」。光緒年間，江西糖行「諸多虧本歇業，植蔗田畝紛紛改種雜糧」。贛江上游贛縣各地運至下游及鄱陽湖之糖幾至絕跡，贛南各地製糖業大受打擊。

二十世紀初葉，江西製糖業在「清末新政」影響下，也有振興之舉。如大庾縣各鄉將所產甘蔗選雇善於製糖匠師，榨汁煎糖，「一年約計出糖三四千擔，有冰花、雪白、仁砂各色，每石價值洋銀八九元至十元不等，有商販來縣收買，運赴饒州廣信兩府銷售」。金溪鄉紳「集資置買糖榨，設廠開辦，提升白糖，獲利頗豐」。東鄉紅糖皆鄉民自煎，白糖自雇貴溪人為糖師，「色味不佳」。一九〇四年，餘干李戴各紳招股集英洋三千元舉辦贅進種植公司，熬糖售買。

但當時洋糖輸入江西仍有增無減。一九〇四年輸入 155076 擔。一九〇七年，則增為 227911 擔，增長約百分之三十。以後雖有增減，但一直維持在 170000 多擔。洋糖的輸入，構成了對

江西製糖業的沉重而持久打擊。[86]

　　另外，在龍泉縣西南的大汾墟，製扇業十分發達。明時其油紙摺扇推為貢品。一九○五年十一月，龍泉縣令羅大晃表稱「縣屬大汾墟地方向造油紙摺扇，行銷下江一帶」。[87]製扇所需扇紙及熏煙等原材料需從上饒、崇義等地購入。此時製扇業分工較細，由粗胚工購集竹紙等項，做成粗胚，售給漆畫工；漆畫工加以整修，繪圖裝飾完畢再售與扇行，然後裝封成簍，運銷外地。除行銷本省外，尚銷於鎮江、南京、蕪湖等處。春秋兩季，多由豐城幫布商收買至南昌出售。製煙業在瑞金、玉山等地的興起，這基本上都由來自廣東和福建的商人投資興辦起來的，「閩人之來玉者，率業此起家」。[88]商人們在煙熟季節來到江西，收購煙葉，刨製煙絲。「瑞近於漳，土性所宜，不甚相遠。……故漳泉之人，麋至駢集，開設煙廠。」[89]雇工也大多來自閩粵兩省。瑞金的煙廠「每廠五六十人，皆自閩粵來」。玉山的煙廠規模頗大，「日傭數千人以治其事」。這些煙廠多屬於季節性生產，季節過後，雇工即散去，常年性生產者較少。直到民國時期，還有福建人在江西從事製煙業。

　　傳統手工業是在自然經濟指導下的生產，農家利用農閒，以家庭為單位，生產目的是解決自家之需要，剩餘部分出售於市

86　陳文華、陳榮華主編《江西通史》，江西人民出版社 1999 年版。
87　《經濟旬刊》1952 年第 4 卷第 6 期。
88　同治《玉山志》卷一，《地理志》。
89　道光《瑞金縣志》卷二，《物產》。

場，以貼補家用，生產依附於農業，屬於農村副業的性質。其生產力以婦女、老人、小孩為主，他們利用農閒、寒冬、雨天、夜間等一切空餘時間，從事手工加工生產。衣食兩種產品生產的結合，是農村經濟的基礎，「農民不但生產自己需要的農產品，而且生產自己需要的大部分手工業品」。[90]

傳統手工業生產方式的存在並貫穿於整個近代江西經濟的原因，是傳統手工業生產方式在前清生產的基礎上仍然存在，在十九世紀中後期，中國封建社會的自然經濟對外來侵入的資本主義經濟有一定的抵制作用，國外商品輸入不可能對一個幅員廣大的自然經濟占主導地位的中國產生極大的破壞性，不可能刺激中國商品的生產大幅度發展，廣大農民不僅能製造自己所需的各種生活必需品，而且還將剩餘產品售於市場，抵制了國內外商品輸入量。全國進口值一八五一年是 36080 千元，比一八四五年的 32220 千元只增加了四千元。[91]一八四○年前，江西由於四面環山，交通不便，帝國主義的侵略還沒有徹底破壞廣大農村的自給自足的自然經濟，廣大農村仍然是以一家一戶為生產單位，男耕女織，以自家勞動產品以換取自己家之溫飽，不需要很多外來之物，手工業生產以解決自家需要為主，商品化程度很低。

90　《毛澤東選集》第 2 卷，人民出版社 1991 年 6 月第 2 版，第 623 頁。
91　《劉坤一遺集》。

第三節 ▶ 社會結構與社會問題

一　省政與官僚體制

晚清的江西省，其行政區劃大體與前清相同，下轄府、州、縣、廳等級機構。

晚清省的行政結構本為三級制（省、府、州縣）。但州的地位則較為複雜，有時與府相垺，有時又與縣平行，這要看其是否為直隸州，或有無屬縣。直隸州必定有屬縣，地位與縣相等。非直隸州而有屬縣，雖上承知府的命令，地位仍稍高於縣。惟散州則完全與縣無異。由此可見州的地位使地方行政系統有混亂的現象。因此，在傳統的演進中，州的地位或升或降，不與府平行，則列為與縣相等的單位，僅保持傳統的名稱而已。

府一級的單位仍為明朝時期的十三個，即：南昌、瑞州、袁州、臨江、吉安、撫州、建昌、廣信、饒州、南康、九江、南安、贛州；直隸州一級的單位只有一個，即寧都州，另散州一個即義寧州，廳一級的單位有點變化，乾隆八年（1743 年）只設有蓮花廳，乾隆三十八年（1773 年）升定南為定南廳，光緒二十九年（1903 年）增設虔南廳，光緒三十三年（1907 年）再增銅鼓廳。州、府一級相當，縣、廳一級相似，縣略比廳高半級。縣以下按鄉鎮劃分，鄉以下設里，再下有村、社、寨、坊等等。江西地方行政區劃，自秦漢以來不斷分合增減，日趨完善，至清代基本定型。後面有點變動，也只是名稱略有更改，實際州縣數則沒變。當然，不包含民國時安徽婺源縣劃歸江西的唯一變動。

茲據光緒《江西通志》所列各府州所屬縣治如下：

南昌府：南昌、新建、豐城、進賢、奉新、靖安、武寧、義寧（州）

瑞州府：高安、上高、新昌

袁州府：宜春、分宜、萍鄉、萬載

臨江府：清江、新淦、新喻、峽江

吉安府：廬陵、泰和、吉水、永豐、安福、龍泉、萬安、永新、永寧、蓮花（廳）

撫州府：臨川、崇仁、金谿、宜黃、樂安、東鄉

建昌府：南城、南豐、新城、廣昌、瀘溪

廣信府：上饒、玉山、弋陽、貴溪、鉛山、廣豐、興安

饒州府：鄱陽、餘干、樂平、浮梁、德興、安仁、萬年

南康府：星子、都昌、建昌、安義

九江府：德化、德安、瑞昌、湖口、彭澤

南安府：大庾、南康、上猶、崇義

贛州府：贛縣、于都、信豐、興國、會昌、安遠、龍南、長寧、定南（廳）

義寧州：瑞金、石城

另光緒二十九年（1903年）設虔南廳，光緒三十三年（1907年）設銅鼓廳。

以上共十三府二州四廳，共八十個單元。

江西各級官員的設置與職守，大體仍襲清朝前期的框架。無論巡撫或總督，在本區僅為軍事上的設置，其民政長官為布政使。但是由於督撫分別加兵部尚書或左右侍郎，兼右都御史或右

副都御史銜，以表明其管理軍事監察地方的身分，地位崇高，布政使就退處屬下的地位。

省內大政要政由兩江總督總攬。兩江總督全稱為江南江西總督，治轄江蘇、安徽、江西三省，職級為正二品，授兵部尚書兼都察院右都御史銜。一般省政由巡撫總管，職級為從二品。巡撫和總督的關係，在清朝前期，前者受後者節制，道光十年（1830年），清廷曾專門討論江西事務是否還要繼續歸兩江總督總攬，雖然最後結果是依照原制，但從此以後，總督基本上是江西監理性質的機構。[92]咸豐以後，巡撫亦受命指揮鎮協武職，獨當一面，又與總督負責置考會題、核閱防剿、職責漸漸提高，光緒時已與總督相埒。[93]

巡撫下設有布政使司（俗稱藩司）、按察使司（俗稱臬司，光緒三十二年改為提法使司）、提督學政（又名提學使司）；傳統政治的三大功能，為「教化萬民、催科田賦、確保治安」。布政使既因巡撫的關係而退居部屬地位，其功能由「掌一省之政」而「專司錢谷之出納」，變為一省財政的主管；按察使「掌省內刑名案件」，即管理驛傳、司法和監督各級審判，是司法與保安的混合體；學政在官秩上為正二品，非進士出身不能簡用，地位原比布政使、按察使優崇，這與儒家的正統思想有密切關係。但由於僅僅主持學務及歲科兩考，政治上的實權反而不如布、按兩

92　《江西通志》卷首之三，《訓典》。
93　趙爾巽：《清史稿・職官志》。

司。惟三足鼎立之勢，各司其職。一九一〇年，增設交涉使一員，專職與外國交涉。

府州縣的功能，仍以教養百姓、催科田賦、確保治安為主。唯治理廣狹不一，各有承屬關係。一府之長為知府，正四品；一州之長為知州，從四品或正五品；一縣之長為知縣，從六品或正七品。

地方組織中尚有道之設置。道有地區及事務性質之不同。因地區之需要而設置者，類乎省與府之間的行政機關；以事務性質而設置者，則為布、按兩司的下屬組織。[94]據光緒《江西通志》所載，在江西主要設有分守道、提學道、分巡道、糧儲道、驛鹽道、關監督等，這些部門的主要任務是監管和督促，其職責主要是主管監察、監督、司法、財政、教育、軍事等各方面專門事務。在其中工作的多為各方面的專員，他們協調地方政權在日常運作中解決那些最重大的問題。

茲據光緒《江西通志》所載各道設置情況分列於下：

督糧兼分巡南撫建地方道：駐南昌府，初名糧儲道，順治十六年罷，尋復康熙十年，改為督糧道，雍正九年以南昌、撫州、建昌三府屬焉，乾隆二十三年兼水利銜，四十三年議定糧道有分巡地方者，仍管所屬之驛。

---

94 李國祁：《明清兩代地方行政制度中道的功能及其演變》，台灣《中央研究院近代史研究所集刊》，第 3 期（1972 年 7 月）；沈任遠、陶希聖：《明清政治制度》，第 95 頁。

督理能省鹽法兼管袁臨地方道：駐南昌府，初為驛鹽道兼理驛傳。康熙九年復設驛鹽道，雍正九年以袁州、瑞州、臨江三府屬焉，乾隆二十三年兼水利銜，四十三年議定鹽道有分巡地方者，仍管所屬之驛而總其成於按察使司，遂稱鹽法道。

分巡廣饒九南兼管水利兵備道：駐九江府，初設分守分巡二道。守道駐饒州府，巡道駐九江府，康熙四年以巡道管九江鈔關事。六年罷守巡二道，九年復巡道改為饒南九道，駐饒州府。雍正九年以廣信府屬焉。乾隆二十三兼管水利，三十二年加兵備銜，四十三年分管所屬驛站，自饒州移駐九江府兼督九江關稅、窯廠。

分巡吉南贛寧兼管水利兵備道：駐贛州府，順治初年設嶺北守巡二道，十五年後罷巡道，康熙四年以守道理贛州關事。六年並罷守道，九年復設，改為分巡贛南道，雍正元年兼理贛州鈔關，九年以吉安府屬焉，乾隆十九年兼轄寧都直隸州，二十三年兼管水利，三十二年加兵備銜，四十三年分管所屬驛站。

分守南昌道：康熙六年罷。

分守南瑞道：康熙二十一年罷。

分守九江道：康熙六年罷。

分守湖東道：康熙六年罷，十四年復設，二十一年罷。

分巡湖東道：康熙元年罷歸守道兼理。

分守湖西道：康熙六年罷，十四年復設，二十一年罷。

分巡湖西道：康熙元年罷歸守道兼理。

分守嶺北道：康熙四年兼理贛州鈔關，六年缺罷。

清代官吏的任職期限，對於總督和巡撫而言，一向採取不久

任的政策，俾避免總督、巡撫在地方上建立強大的勢力。[95]江西情況也不例外。從一八三八到一九○八年，七十年間江西巡撫換了三十人，尚不含臨時性的「暫署」、「護理」巡撫。平均二年要更換一任巡撫；至於知府、知州、知縣的任期時間相對較長，平均每四年左右一個任期。下表所列的是江西巡撫任職情況表：

・江西歷任巡撫任職期限表

巡撫人名	任職起迄年月
錢寶琛	1838—1841.7.17
吳文鎔	1841.7.17—1848.7.28
傅繩勳	1848.7.28—1849.4.26
費開綬	1849.4.27—1850.9.28
陳旰	1850.9.28—1851.1.15
陸應骰	1851.1.15—10.27
王植	1851.10.27—1852.5.16
羅繞典	1852.9.19—9.28
張苦	1853.2.1—1854.2.9
陳啟邁	1854.2.9—1855.8.14
文俊	1855.8.14—1857.4.9
耆齡	1857.4.9—1859.10.7
揮光宸	1859.10.7—1860.5.11

---

95 魏秀梅：《從量的觀察探討清季督撫的人事嬗遞》，臺灣《中央研究院近代史研究所集刊》第 4 期（1974 年 5 月）。

毓科	1860.5.11—1862.1.17
沈葆楨	1862.I.17—1865.4.19
劉坤一	1865.6.14—1875.I.12
劉秉璋	1875.1.12—1878.8.20
李文敏	1878.8.21—1882.12.2
潘霄	1882.12.2—1884.11.4
德馨	1884.11.4—1895.9.11
德壽	1895.9.12—1898.7.12
松壽	1898.7.12—1900.9.12
景星	1900.9.12—11.17（未到任）
李興銳	1900.11.17—1902.8.5
夏皆	1903.7.7—1904.12.13
升允	1904.12.13—未到任
胡廷干	1905.1.10—1906.4.25
吳重熹	1906.7—12.17
瑞良	1906.12.17—1908.3.31
馮汝騤	1908.4.1

清代地方官制極其詳明嚴格，知縣以上的官員，任職資格、經歷皆有明確的要求，其委任、撤換統由朝廷掌管。各級官員的職守操行，每年考核一次，奏報朝廷。在高度集權制的政體下，省內大政、要政，必須上報朝廷，經得批准方可執行。不僅如此，省內民事上每一個案件獄訟的處理、軍事上每一個站卡的添撤移動、乃至天災人禍，都要上報朝廷。同樣，在等級森嚴的封

建社會裡，各府、州、縣官吏，遇事也要層層上報，未經請示批准的任何施政措施，皆不得實行。各級官員，處事沒有主動性，缺乏生機和活力。《江西通志·宦績錄》所列各級官吏的政績，大體上都是防盜斷獄所表現的「清正廉明」，再就是向上要求蠲免當地錢糧所體現出的「愛民」，從未有什麼新政方面的建樹。這種集權制貫穿上下的政體，一直延續到清朝滅亡。

二　紳士與百姓

自科舉制度創立以來，學校與科舉有不可分的關係，尤其經科舉而獲得功名者，享有特殊權利，形成紳士與百姓的兩極社會，形成明顯的社會分層。按照張仲禮先生的理解，「紳士是一個獨特的社會集團。他們具有人們所公認的政治、經濟和社會特權以及各種權力，並有著特殊的生活方式」。[96]

紳士階層的產生無疑與傳統教育有著密切的關係。傳統教育有官學與學校之分。官學係為滿清宗室、八旗子弟及蔭襲宗族而設，學校則為一般民眾所建。本省無官學，學校則有府學、縣學及書院與義學之分。[97]江西的傳統教育及科舉考試在晚清之際處

---

96 張仲禮著、李榮昌譯：《中國紳士——關於其在十九世紀中國社會中作用的研究》，上海社會科學院出版社 2002 年版，第 1 頁。

97 書院多得官吏與士紳的支持，程度較高，財源亦較豐富。義學、社學則不如書院，多設於鄉村，不受重視。據《學政全書》記載，社學始於明，太祖命 50 戶立一社學，聘請知名生員執教。滿清入關，順治九年（1652 年）命各鄉立社學，雍正元年（1723 年）命各州縣在較大之鄉村立社學，俾 12 至 20 歲青少年子弟有機會入學。義學始於康

在全國大體中游水平。

我們先來考察晚清之際江西府學與縣學。按照清朝的規定，各府州縣有一定的學額分配，大縣二十二名，中縣二十名，小縣十八名。[98]但江西的學額分配卻有不同，據光緒《江西通志》卷九十《經政略·學制》載：

> 雍正二年，定南昌、新建、豐城、高安、宜春、清江、廬陵、吉水、安福、臨川、金谿、南城、新城、上饒、鄱陽、贛、寧都十七縣照府學額各取進童生二十名；奉新、永新、宜黃、東鄉、南豐、廣昌、貴溪、餘干、星子、都昌、建昌、德化、湖口、大庾十四縣改為大學各十五名；萍鄉、峽江、玉山、安仁、安義、瑞昌、南康、石城八縣為中學各十二名；九年定江南棚民入籍二十年以上有田糧、廬墓者，准在居住州縣考試童生，滿五十人以上額外取進一名，百人以上二名，二百人以上三名以四名為率。……自咸豐八年後，江西歷次捐輸軍餉奏請加廣學額凡加廣府州廳縣文生學額六百九十三名，武生學額六百八十六名。

熙四十一年（1702 年），是年於北京崇文門外立義學，3 年後，為貴州苗人部落設義學，五十二年（1713 年）諭全國各地普設義學，供貧窮子弟就讀。一般而言，社會與義學並無嚴格之區別，漢人的學校稱社學，苗傜的學校稱義學。另一種說法，謂社學為鄉村之學，義學則鄉村城市均有。詳 K·C·Hsiao，RuralChina，p·235-240·

商衍鎏：《清代科舉考試述錄》，北京三聯書店 1958 年版，第 13 頁。

　　可見江西的學額分配是，經濟和科舉考試比較發達的縣學額分配為二十名，其他略少至十五至十二名。

　　其次，我們再來考察晚清之際江西書院和社學。經統計，在晚清之際江西有書院五百〇五所，社學義學及鄉學二百九十八所。大體而言，書院較義學、社學更為發達。江西重書院而輕義學、社學，在人文發達的區域，書院多而義學、社學少。書院程度較高，而義學、社學則程度相對較低。從維持情況來看，經濟較為發達的地區其書院經費來源比較穩定，而相對落後的地區，書院經費得不到保障。名譽上有五百〇五所書院，估計能夠常年維續者卻只有一半左右。而義學、社學則更不受重視。因義學與社學多為貧苦子弟而設，家有餘力，則入書院而不入社學。同時中國一向有「富者不教書，貧者不讀書」的風氣，這也是義學與社學不甚發達的原因。所以，在江西的社會，很自然地形成了兩級社會──識字與不識字。此與他省似無不同之處，十九世紀以前的中國，百分之八十左右人口為文盲。[99]這主要是由於有能力入書院學習者終究是極少數的緣故。茲將光緒《江西通志》所載各府州書院與義學情況列表於下：

99　張朋園：《勞著：清代教育及大眾識字能力》，載《中研院近史所集刊》，第 9 期，第 455-462 頁。

・晚清之際江西書院與義學（社學）一覽表

府州	書院	義學、社學和鄉學
南昌	86	10 67 2
瑞州	31	18
袁州	21	10
臨江	20	10
吉安	98	27
撫州	48	21
建昌	43	33
廣信	36	29
饒州	53	25
南康	13	5
九江	14	14
南安	9	4 16
贛州	28	23
寧都	5	2
合計	505	298

資料來源：光緒《江西通志》卷八一至八二《建置略・書院附社學》。

　　學校本以授業解惑為宗旨。自科舉制度建立，學校無疑服務於科舉，凡入學者，其目的不在獲得知識，而是博取功名，作為入仕的入門階梯。宋明以來，江西的科舉極盛一時，在全國也是名列前茅。而近晚清之際江西科舉在全國的地位有所下降，就地區而論，也在發生變化，我們以光緒《江西通志・選舉表》所載

各府州嘉慶元年至道光三十年情況為例：

・江西進士舉人中額（不含武科）（嘉慶元年至道光三十年）

府州	州縣廳數	進士數	每縣平均進士數	舉人數	每縣平均舉人數
南昌	8	116	14.5	563	70.38
瑞州	3	31	10.33	225	75
袁州	4	23	5.75	155	51.67
臨江	4	14	3.5	88	22
吉安	10	34	3.4	257	25.70
撫州	6	55	9.17	261	43.5
建昌	5	78	15.6	439	87.8
廣信	7	29	4.14	137	19.57
饒州	7	34	4.86	195	27.86
南康	4	18	4.51	24	31
九江	5	42	8.4	182	36.4
南安	4	7	1.75	30	7.5
贛州	9	16	1.78	77	8.56
寧都州	2	4	2	38	19
共計	78	501	6.42	2771	35.52

資料來源：光緒《正西通志》卷三五至三六，《選舉表》。

以各府州進士與舉人的中額情形，亦可以略窺江西文風高低不同。從上表數字我們可以看出，從區域來看以南昌、瑞州、撫州、建昌、九江等府中額較高，而贛州、南安、寧都等府州中額

較低，而吉安作為傳統的科舉強盛之區也在逐漸衰微。再從城鄉來觀察，城市的中額較多，各府州首縣人數突出，如南昌府之南昌縣、建昌府之南城縣、吉安府之盧陵縣、九江府之德化縣等，此或許與經濟與商業發達有關係。落後貧瘠的地區，則相對中額較少。

任何社會均有層次之分，中國傳統社會也不例外，儒家的思想有「君子」、「小人」之別，有勞心者治人，勞力者治於人的主張，顯然也承認了社會階級階層的存在。儒家以為只有教育才可以使人平等，但自科舉與教育相連接，有功名者享有某些特權，非一般人所可企及。尤其功名成為入仕的進階，一旦獲得一官半職，便成為勞心者——統治階級。獲得功名而未入仕者，便成為紳士，在地方政治中發揮重要作用。組織團練、興修道路等地方建設，由紳士領導；鄉約、鄉飲酒等社會化儀式，由紳士主持。一般鄉民唯紳士的馬首是瞻。這是中國傳統社會的基本模式，也是江西社會結構的基本範式。

三　地主與農民

中國的傳統社會，就統治者與被統治者的觀念而言，是士紳與百姓的兩極社會；就經濟的分配觀念而言，則為地主與佃農的相對社會。

漢唐以後，「富者田連阡陌，貧者無立錐之地」，土地問題也已成為社會的基本矛盾，貧富已經有了明顯分化。直到鴉片戰爭前夕，這種局面也沒有得到改善。江西的地主，雖然仍以中小地主居多，但擁有田地數千乃至萬畝的大地主並不少見，茲據章

有義《中國近代農業史資料》關於江西一些縣份土地占有狀況分列於下：

貴溪——收租有六、七千擔者，中小地主亦多……

武寧——全縣擁田七千畝之地主一家，千餘畝之地主十餘家，數十畝至百畝者頗多。

寧都——有陳、賴兩家，曾收租亦各五六千擔，武村肖家有十萬富，曾收租萬擔。

廣昌——擁田一萬畝者一、二人，二千餘畝者十餘人，數十畝至百畝者甚多。

江西土地分配不均的發生原因甚多，大體而言有如下幾點：

第一，移民的結果。明末清初招墾，遷入江西的移民很多。進入贛西北、贛中和贛南山區的大都是閩西和粵東客家人，而進入贛東北的則主要是閩南沿海的福建人。應墾者赤手空拳到來，有限的無主土地為先來者所據，後到者，只有佃耕。

第二，北方資金南移，土地盡為富人所有。丁廷之指出，中國的佃戶南多於北，原因有三：經濟方面，南方新地多，物力富，資本易於發達，土地投資的利益大，故南方佃租制發達；自然方面，歷來水旱之災，北多於南，土質雨量，南優於北，田主多捨北而就南，故佃農南多於北；社會方面，人口大都會南多於北，歷代京城多在北方，古時外患亦多在北方，人誰不惡亂求逸，故田主均願在南方購地，這就是南北佃農差異的原因。[100]

---

[100] 丁廷之：《中國佃農百分比率差異之原因》，《地政月刊》，卷一，期

第三，觀念的影響。傳統社會，土地為財富的象徵，「以末致財，用本守之」，人人爭購土地。清初的土地買賣，上田每畝銀七至八兩，下田一至二兩，到了乾隆初年，上田接近二十兩，下田也升到七至八兩。「貧而後賣，既賣無力復買；富而復買，已買不可復賣。」[101]

傳統社會中，地主與佃農的存在，即為不爭的事實，那麼，究竟有多少地主，有多少佃農呢？如新城縣：「新城之民，農之家十九，農無田者七。耕人之田而輸其穀曰佃。」[102]這可能是比較高的縣份。一般情況下佃農、半佃農大約維持在百分之五十左右的水平。現將民國年間農商部統計數字列表於下：

· 全國佃耕與自耕比例

省別	自耕農	佃農	自耕農兼佃農
河北	72.8	13.5	13.9
河南	56.3	26.0	17.6
山東	70.0	13.1	16.8
山西	70.5	15.0	13.8
陝西	57.7	22.8	19.3
甘肅	64.3	17.5	18.1
安徽	46.2	34.5	19.2

4。
101 賀長齡：《皇朝經世文編》，卷二九。
102 同治《永新縣誌》卷十五。

江蘇	45.8	31.6	22.5
浙江	46.2	34.5	19.2
湖南	19.9	69.9	10.1
湖北	42.5	36.2	20.9
江西	42.1	30.5	27.2
福建	34.1	34.1	31.6
廣東	35.5	37.3	29.1
遼寧	40.6	26.7	29.2
吉林	46.7	30.6	22.6
黑龍江	55.7	25.3	18.7
平均	49.83	29.35	20.59

資料來源:《農商部統計》(1917年),轉見鄭震宇《中國之佃耕制度與佃農保障》,《地政月刊》,卷一,期3-4(1933年3-4月),第295頁。

從表中數據可以看出,江西自耕農占百分之四十二左右,佃農、半佃農約占百分之五十八。其佃農、半佃農的數量,同全國其他省份相比較是比較多的省份之一。

地主與佃農的存在,由於經濟上的利益分配不均以及雙方所處的地位不同,構成中國農村社會的一個基本矛盾,亦往往為社會不安定的因素。由於土地的相對集中,在農村地區的租佃關係相對複雜。主要有如下幾種:

一、押租制。所謂的「押租」,就是佃農和地主在締結租佃契約時,地主預收佃農一筆租佃保證金,當佃農欠租、抗租時,地主便扣抵保證金,以保證地租的實現。在清代雍正、乾隆時

期，押租制在南方各省已普遍存在。據劉永成先生統計，乾隆元年至乾隆六年間刑科題本中有押租案件共兩百一十一件，其中廣東占三十八件，湖南占三十一件，浙江占二十三件，江西占二十二件。[103]押租制或押租錢在江西各地的俗稱不一，有所謂「墜耕錢」、「頂耕錢」、「脫肩錢」、「頂首錢」等稱，並且每畝收取押租錢的多少也不同。

·乾隆年間江西押租制的基本狀況

年代	縣名	姓名	押租錢（俗稱）數量	租地數量	雙方約定
乾隆十五年	上饒縣	鄧文祥	脫肩錢八千文	祀田一十八石	布約載明還田清錢
乾隆三十四年	會昌縣	楊其鏈	八千文	祭田八十石	秋收收納租谷二十石，如欠租以錢扣抵
乾隆三十四年	會昌縣	楊步翰	墜耕錢二十四於文	荒山	攬耕合同載明每年納租八十三角，木油一十三斤
乾隆三十五年	玉山縣	陳崑山	頂耕錢十千五百文	田三畝三分	

資料來源：《清代地租剝削形態》第 159、437、467、389 頁。

二、永佃制：永佃制，就是佃農對一塊土地擁有長期耕作甚

103 劉永成：《清代佃農抗租鬥爭的新發展》，載《清史論叢》第一輯。

至是永遠耕作的權利。這是中國古代土地租佃的特色之一。中國永佃制的產生，大體有以下幾種情況：一是從宋代開始，地主出賣土地時，往往將原佃戶姓名開列於土地買賣文契上，表示新買主承認原佃戶的承佃權，即所謂「隨田佃客」，久而久之形成了永佃制。

三、一田二主：清代江西的土地租佃中有一種特殊且普遍的現象，這就是盛行一田二主，即土地所有權和土地耕作權各有其主，這兩種權利可以分開買賣和轉租。

從有關資料看，清代江西各地就普遍存在一田二主，並成為「鄉規」、「俗例」。乾隆年間江西布政使司刊行的《西江政要》載：「有江西積習，向有分賣田皮田骨、大業小業、大買小買、大頂小頂、大根小根，以及批耕、頂耕、脫肩、頂頭、小頂等項各目，均系一田二主。」所謂大業、大買、大頂、大根即田骨（土地所有權）的買賣，而小業、小買、小頂、小根、批耕、頂耕、脫肩即田皮（土地耕作權）的買賣。乾隆年間的建昌府「田皆主佃兩業，佃人轉賣承耕，田主無能過問」。[104]在一田二主的狀況下，「業主只管收租，賃耕轉頂權自佃戶，業主不得過問」。[105]也就是說，掌管田骨的業主只管收租，而耕作權的轉租或轉賣則由掌握耕作權的佃戶決定。如果是從擁有田皮的佃戶手中轉租土地耕作者（贛南稱「借耕人」），則「借耕人既交田主

---

[104] 《切問齋文抄》卷十五，《江西新城田租說》。
[105] 凌濤：《西江視臬紀事》卷二。

骨租，復交佃人皮租……大概以三分之二作皮骨租，皮多骨少，遞使一般農民趨重田皮」。[106]

一田二主形成的主要原因是由於清代江西人口增長過快，人多田少，為得到一塊土地耕種，佃農不得不以高額地租從別的佃農手中轉租土地，或花價買耕作權。

複雜的土地租佃關係，導致晚清之際江西佃農所受的徵剝加重。佃農對地主最感不堪的是租金太高。從地租的剝削率來看，有不斷上升之趨勢。

早在南宋時，江西人洪邁在他的《容齋隨筆》中談到南宋初江西的土地占有關係時說：「或耕豪民之田，見稅十伍，言下戶貧民自無田而耕墾豪富家田，十分之中以五輸本田主，今吾鄉俗正如此，目為主客中分云。」「予觀今吾鄉之俗，募人耕田，十取其五，而用主牛者取其六，謂之牛米」。地主與佃農的分成，一般是地主占收穫量的一半以上。從清代雍正、乾隆時期開始，儘管佃農和地主的關係在走向鬆弛，然而，封建地租額並不是走向減少，反而比以前歷代都高。《乾隆刑科題本》中有關江西的案例可以說明這一點：

・乾隆年間江西田租徵剝量

年代	縣名	姓名	租地數量	田租形態	年收租罿
乾隆初年	會昌縣	陳公辟	山崗	油	十八斛
乾隆五年	貴溪縣	方信臣	田 19 畝	谷	26 石
乾隆十一年	新喻縣	傅別八	田 4 畝 5 分	谷	6 石
乾隆十四年	德興縣	董癸生	田 1 畝	谷	1 石 6 斗

資料來源:《清代地租剝削形態》,中華書局 1982 年版,第 34、66、106、558、175 頁。

　　從上表可知,稻田的地租以租谷為主,山地的地租則視山所出而定。貴溪縣的田租每畝高達一石四斗;德興縣則更高達每畝田租一石六斗;官田的租佃也是以實物定額租為主,如雍正十三年,「(安遠縣)營霸地等處官田二十畝一分零,園地田畝四分零,共計田九百八十把,招佃承墾,無分豐歉准賃,每歲備佃,共納早谷三十四石三斗六升」。[107]平均每畝收租高達一石六斗多;又如上饒縣「學田原額一頃三十畝八分三釐五毫,坐落本縣六都十都七都社林黃沙庫前等處,計租二百一十七石」。[108]平均每畝收租也達一石六斗多。同光時期,江西的地租率一般是占收穫量的一半左右。同光以後,地租率在不斷上升。至一九三〇年

107 同治《安遠縣志》卷二六四,《寺觀》。
108 同治《廣信府志》卷四〇〇,《學校》。

前後，江西六十二個縣地租對收穫量總數的比率如下：[109]

50％未滿	12 縣	50％	22 縣
55％	4 縣	60％	16 縣
65％	1 縣	70％以上	6 縣

佃農在備極辛苦的情況下，自己僅得收穫物的一半，或不足一半，生活的苦況可以想見。佃耕五十畝以下的農家，大多入不敷出。遇上「風調雨順」的歲月，佃租的壓力或者尚能承受，碰到天災人禍，則溫飽頓失保障。往往因為糧食不足，未能節餘明年的種子，不得不告貸播種，背上利息。

佃農經濟受剝削，生活窮困，社會地位亦為之淪落，此在鄉飲酒禮中可以得見。鄉飲酒是農業社會的一種聚會，清朝利用為社會控制。大清律例中規定：「坐次之列，長者居上，如佃戶見田主，不論齒敘，並行以小事長之禮。」[110]顯然佃農低人一等。正如陳登元所說：「八十老農見稚臭田主之時，亦得行以少事長之禮，而先施拜揖耶？佃農在社會上的地位，不將淪為奴耶？」[111]事實上，地主與佃農，形同主奴，晚清之際已是如此。迫於高額的壓榨，佃農也往往起來反抗。如寧都州的佃農「要以三分之二作皮骨租」，「佃人尤復抗租」。[112]建昌府：「鄉民率多

109 章有義：《中國近代農業史資料》，第二輯，第 8 頁。
110 《大清律例彙輯便覽》，卷十七。
111 陳登元：《中國土地制度》，上海商務印書館 1930 年版，第 392 頁。
112 道光《寧都直隸州志》卷十一，《風俗》。

山野佃戶，抗租之風最熾。」[113]在寧都直隸州，地主為了對付佃農的經常性欠租和抗租，採取了驅逐佃戶的辦法：「刁佃欺詐抗租。查糧從租辦……如敢刁抗，許田主稟究，現年之租，即將佃戶責懲勒限清還，欠至二、三年者，枷號一月，重責三十板，仍追租給主。欠至三年以上者，將佃戶枷號四十日，重責四十板，俟追租完日，驅逐出境。」[114]《乾隆刑科題本》中有關江西的案例說明，清代江西各地的佃農欠租、抗租是很普遍的。

四　社會問題

步入晚清之際的江西社會問題也比較複雜，比如社會秩序、民眾生活、溺嬰與育嬰、社會保障等等，我們僅就社會秩序與百姓生活作簡要地介紹。

（一）社會秩序

鴉片戰爭前後的江西社會，民風強悍，盜賊橫行，械鬥不斷，訟案頻繁，是一個比較混亂的社會，也是全國比較閉塞的內陸省份。

江西自宋明以來，就有「好訟」的風尚。「好訟」，並不代表江西人民的法律意識強，而是民風強悍，社會秩序複雜、社會治安混亂的結果。江西每個縣區，民風大致相同，史料記載，贛

---

113 魏錫詐：《旴江治牘》。
114 1920 年《民商事習慣調查報告錄》第一冊，第 423 頁。

南「習俗強悍」，[115]鄱陽湖「邑俗強悍，好鬥，或聚族黨至千百人，相仇殺」；[116]樂平縣「邑民俗好勇，一械鬥死者以百數十計」，「民不畏死」也。[117]這一點在全國也很有影響，皇帝上諭也承認：「江西民情多悍，械鬥成風」。[118]江西民間械鬥原因很多，但主要是為了爭水源、爭山林、爭沙洲，間或為了婚嫁之事爭吵，雙方家族也會聚鬥，但這類聚鬥規模小，容易調停。而為村產的爭鬥，則是真刀真槍的械鬥，雙方傾巢而動，各持刀棒，聚集而鬥，規模大，而且激烈。按鄉約族規，傷殘者，眾人共養，致死者，實行公葬，其家小由村社負擔，或由眾人接濟，這種接濟被認為是每個村民應盡的義務，因而參加械鬥的村民，無後顧之憂，更添械鬥的激烈程度。像鄱陽湖區的袁姓與朱姓之間為了爭洲灘的械鬥，幾乎年年爆發，從嘉慶年間到光緒年間，四五十年，械鬥不斷，「相互殘殺甚眾」。[119]事前官府無防範措施，事中勸架無力，事後斷案無據，只是抓捕雙方「首犯」關押了事。一八四八年，「王鼎從等與袁東福等因爭山涉訟有嫌，一釁相因，互毆致斃」[120]審理數月而各責五十板。可想而知，官府在處理此類案件時是無奈而棘手的。

械鬥只不過是族群村社之間的爭鬥，範圍小，影響也有限。

---

115 光緒朝《江西通志》卷一三三，《宦績錄》。
116 同⑥。
117 同⑥。
118 光緒朝《江西通志》卷首之五，《訓典》。
119 光緒朝《江西通志》卷一二八，《宦績錄》。
120 《清實錄》第 39 冊，第 829 頁。

而盜賊土匪橫行則不同，其活動範圍遠遠超越村界，也超越縣界，甚至超越省界。江西「境多崇山，盜賊蜂聚」，[121]白天藏匿山林，夜晚益搶村寨，或晝夜設卡明搶，這種占山為王的「土匪」，遍布全省各地，尤以贛南、贛東北居多。贛東北有一座大山（現名武夷山），與浙江、福建相連，因官府一直封禁，得各封禁山。乾隆年間曾一度解禁，即有人上山伐木作炭，建棚墾地。道光二年（1822 年）再度封禁後，卻成了盜賊土匪的聚居地。臨山的上饒、廣豐等府縣，不得太平，地方官府年年剿捕，收效甚微，多次請求省府派兵助剿，也難竟其功。當時江西全省只有一萬兩千標營兵，不敷調用，上奏朝廷，要求增添兵勇，又未允准，拖延日久，匪情有增無減，江西籍御史黃爵滋不忍家鄉人民連年遭殃，曾於道光十二年（1832 年）上奏朝廷，彈劾江西地方官員，稱：「江西盜匪繁多，咎由地方官查辦不力所至」，以期引起朝廷的重視，加快江西肅清匪患的力度。[122]

從眾多史料分析，當時的江西，匪情雖然嚴重，但還只處在分散的游擊狀況，不成氣候。而活躍的會黨，卻是有組織、成規模地活動，直接威脅著江西的封建統治，給江西的社會治安帶來很大的影響。會黨組織是明末清初成立的以「反清復明」為宗旨的祕密社會團體，主要活動區域在江南，如福建、廣東、江西、湖南等省。江西的會黨組織主要是天地會，也有白蓮教。天地會

---

121 光緒朝《江西通志》卷一三〇，《宦績錄》。
122 光緒朝《江西通志》卷首之三，《訓典》。

在江西名系很多，有三合會、三點會、洪門會、千刀會等等，後來又出現規模最大的哥老會。江西會黨的活動區域，主要在贛南，而且與福建、廣東會黨聯通一氣，形成一股有規模、有影響的社會勢力。道光初年，贛南、吉安一帶，經常出現燒香結盟的團夥，他們人人帶刀，故名添刀會（又名千刀會），[123]還有的私立洪二和尚木主，團體朝拜，取名洪門會。會黨組織為了最初的生存，經常搶掠商賈，洗劫富豪，聚則以千百計，散則藏匿無蹤。江西各級官府面對會黨「糾眾肆掠」、「聚散無常」[124]的行為，一籌莫展。久而久之，會黨勢力成為江西社會不穩定的最重要的因素之一。

（二）日漸貧窮的民眾生活

　　鴉片戰爭前，江西農業發達、商貿興隆，百姓安居樂業，生活尚屬穩定。鴉片戰爭後，江西地少人多，不僅封建剝削加劇，而且深受外國資本主義經濟的剝奪，民眾生活日漸貧窮，由此滋生了許多不穩定的社會因素，加劇了江西近代社會動盪的局面。

　　康熙年間，江西人口二百一十萬左右，耕地為四千五百萬畝以上，人均耕田二十一點二四畝，畝產糧食二到三石之間，而上交田賦則每畝為〇點〇四兩銀，糧食二點〇五升，[125]百姓生活尚

---

123 光緒朝《江西通志》卷一三三，《宦績錄》。
124 梁方仲：《中國歷代戶口、田地、田賦統計》，上海人民出版社 1980 年版，第 392 頁。
125 梁方仲：《中國歷代戶口、田地、田賦統計》，上海人民出版社 1980 年版，第 392 頁。

屬安足。康熙後期，試行「滋生人丁，永不加賦」的國策，隨之的乾隆朝又在全國推行「攤丁入廟」政策，取消人丁稅，導致全國人口激增。乾隆三十一年（1766 年），江西人口即增至一一五四萬餘口，嘉慶二十五年（1820 年），續增至二五一二萬餘口。至鴉片戰爭後，人均耕地只有一點九畝左右，即史書嘆惜的記載「人不及在二廟」矣。[126]而此時國力日衰，轉嫁給農民的田賦則越重，地租按上中下三等徵收，「上則畝上二石，中或一石五六斗，下則畝率一石」。[127]地租率高達田產的百分之五十至七十。沉重的地租裡面，包含有官府的田賦定制，更主要的是地主的隨意加租，殘酷剝削。百姓生活普遍是食不果腹，衣不遮體的悲涼境況。

　　江西是清政府的田賦上交較多較重的大省。鴉片戰爭前，江西一般每年上交田賦一百七十萬兩銀左右，而鴉片戰爭後，田地不增，而上交賦銀卻達到二二九萬兩，而且逐年上升，詳見下列表：

・鴉片戰爭前後江西人口、田地、田賦表

年份	人口（丁）	田地（畝）	田賦	
			賦銀（兩）	賦糧（石）
康熙二十四年（1685 年）	2126407	45161071	1743245	925423

126 道光《寧都直隸州志》卷十一，《風俗志》。
127 《清皇朝經世文編》卷三二，陳道《江西新城田租稅》。

雍正二年（1724 年）	2172587	47863166	1179476	127452
乾隆三十一年（1766 年）	11540369	46100620	1939126	899836
嘉慶二十五年（1820 年）	25126078	46565553	1920182	962886
道光二十一年（1841 年）			2292360	
光緒十九年（1893 年）			2388130	

資料來源：據梁方仲《中國歷代戶口、田地、田賦統計》編制。

　　資料統計，江西上交清政府的田賦占全國的百分之七點一八左右。為了應對田地不增、賦稅上揚的壓力，江西官府每畝加徵銀四錢，即由原來定例每畝徵收銀一兩，隨徵耗銀一錢，變為每畝徵銀一兩五錢，僅此浮徵即增銀兩七十餘萬（清初每畝徵銀0.04 兩）。此等傷民病紳之舉，多次遭到江西籍人左都副御史胡家玉的彈劾，清皇帝對此裝聾作啞，拖延不決，[128]江西廣大農民不僅在受官府和地主的兩重壓榨，還要承受連年不絕的水澇旱災的天禍。江西有五大河：贛江、撫河、信江、饒河、修河，由於財力不足，堤防年久失修，雨季一來，十有九澇。江西地屬丘陵地帶，許多土地靠上天下雨保收的「望天丘」，在無雨時日，乾旱特別嚴重。《江西通志》所載，從道光十一年（1831 年）到光緒元年（1875 年），前後四十四年，水災、旱災較嚴重的就發生

---

128 蔡冠洛：《清代七百名人傳・胡家玉傳》，台北明文書局 1985 年版。

了三十八次，[129]災害的直接受害者是廣大農民。在田賦重，災難多的窘迫下，廣大農民往往是寅吃卯糧，常常以野菜充飢。實在熬不過去，有的飢民被迫以偷盜搶劫渡過難關，更多的飢民只好向地主富戶借糧，為此，江西官府出台「江西質穀章程」，規範借貸關係，明文規定借糧一石，納息三斗。借息高達百分之三十，而且限期又短，來年還清，延期不過兩年。[130]

江西修譜之風始於六朝時期，至宋明時期興盛，前清時期，受文字獄的影響，修譜銳減。至晚清道光時期，修譜之風又興盛，幾乎「無族不譜」。常理而言，盛世修譜，而道光時期的江西，即非盛時，百姓生活甚於貧困，以婺源為例，縣境多以茶為生，本屬殷實，然「自邇來粵東兵變，販茶者人貨俱滯嶺海。」「則薪水米鹽營生日且不暇」，在「頗嘖嘖有煩言」的情況下，依然修成多家族譜。[131]

廣大農民生活日漸貧窮，而廣大漕丁水手生活同樣艱難，直至失業流離。江西是全國的納糧大省，每年上交田糧八十餘右，漕運至直隸通州，路遠關多，每年往返只能一次。

清初江西有漕船一〇〇三艘，為當時全國漕船總數一〇四五五艘的百分之九點六，後來逐年裁減，到鴉片戰爭前後，江西仍有漕船六三八艘，漕運運輸量居全國第三位。每條漕船僱用民工

---

129 《江西通志》卷首之五，《訓典》。
130 《江西通志》卷首之三，《訓典》。
131 《尚書方氏宗族 · 序》，清道光二十二年。

八至十人，每船運費官府撥銀四百五十餘兩。按正常開支，漕丁尚有節餘，無奈運途關卡眾多，公差苛索刁難，意外開支層出不窮，漕丁為了不誤運期，免遭鞭撻坐牢之苦，只好忍痛接受種種勒索，一年下來，風餐露宿不說，身無分文回家，何談養家餬口，運途的遭遇導致「運丁避僉運如避虎」，漕丁「富者轉貧，貧者更貧」。[132]官府為解決漕丁的問題，一直是強雇強徵，抓夫派差，以維持漕運。太平天國時期，漕糧改征折色，以錢代糧，漕運終止，而廣大漕工，或失業在家，或流為「盜匪」，或轉業長江、內河航運業。當時江西航運業主要靠的是木帆船，在外國列強輪船開進江西後，木帆船的生意受到擠壓，一落千丈，失業人員不斷增大。江西百姓的生活，普遍感受壓力，比鴉片戰爭前更差、更苦。

132 任承載：《恤軍救民疏》，引自《江西內河航運史》，第66頁。

第二章——

九江開埠與外國勢力的契入

第一次鴉片戰爭後，江西社會沒有明顯的變化，傳統的封建自然經濟仍占主導地位。官僚政體一成不變，社會秩序依舊混亂。第二次鴉片戰爭後，簽訂條約，事涉江西，江西門戶——九江，被強行劃為帝國主義的通商口岸，海關權喪失了，洋貨大量傾銷內地，尤其是罪惡的鴉片貿易也合法了，航運業也被外國資本主義壟斷了，傳統的封建自然經濟的主導地位動搖了，閉關鎖國的封閉歷史結束了，江西人民直接感受到喪權辱國的切膚之痛，江西社會從此走向殖民地半殖民地社會。

第一節 ▶ 九江開埠與海關的設立

一 九江開埠

英法等國不滿足於第一次鴉片戰爭所簽訂的不平等條約，數度要求「修約」，被清政府婉言拒絕，遂於一八五六年十月，悍然發動了第二次鴉片戰爭。英、法聯軍兵占廣州後，北上攻陷大沽砲臺，再進犯天津，一路勢如破竹，並揚言要攻占北京。清政府迫於無奈，接受俄、美的調和。一八五八年六月，以清政府與英、法、俄、美分別簽訂中英、中法、中俄、中美《天津條約》而告一段落。《天津條約》答應增開通商口岸，規定通商、傳教自由，外國商船可在長江各口往來，取消常關稅，洋貨入內地只徵百分之二點五的子口稅，等等。《天津條約》是晚清政府繼《南京條約》之後簽訂的又一個不平等條約，它進一步破壞了中

國的主權，加深了中國社會的半殖民地化。

中英《天津條約》第十條明文規定：「長江一帶各口，英商船隻俱可通商；惟現在江上下游，均有賊匪，除鎮江一年後立口通商外，其餘俟地方平靖，大英欽差大臣與大清特派之大學士尚書會議，准將自漢口溯流至海口各地，選擇不逾三口，准為英船出進貨物通商之區。」[1]

一八五八年十一月，亦即《天津條約》訂立後不久，英國全權代表額爾金（J. B. Elgin）「獲得直溯揚子江而上遊歷漢口的種種便利，以便使他能夠選定三個口岸，當一旦沿江『賊匪』肅清的時候，辟埠通商。」[2]便帶兵船四艘溯江而上，以考察適宜開埠通商的地點。此行曾於十一月二十九日停靠九江，次日赴漢口。十二月二十二日，復回九江，二十六日額爾金以「八裡江一帶水淺，大船不能過去，暫泊九江河下守候，來春水漲開行」為由，留下兩艘大船和船上三六七人，而另率兩船離去。[3]留守兩船泊於九江近一月，至一八五九年一月才離開。額爾金此行，對於後來英國人選定九江作為其首先開埠之區，起了決定性作用。

一八六〇年十月，清政府分別與英、法互換了《天津條約》批准書。同年十一月，英國駐華公使普魯斯（F. W. A. Bruce）即

1　王鐵崖編《中外舊約彙編章》，生活‧讀書‧新知三聯書店 1982 年版，第 1 冊，第 97 頁。

2　馬士著、張匯文等合譯：《中華帝國對外關係史》，上海書店 2000 年版，第 604 頁。

3　《江西巡撫耆齡奏英船停泊九江情形片》，見《第二次鴉片戰爭》第 3 冊，上海人民出版社 1978 年版，第 579 頁。

照會清政府恭親王奕訢，提出依據《天津條約》，先赴漢口、九江兩處開埠通商。此事得到清政府的「允准」。並委任江蘇巡撫薛煥署理欽差大臣，督辦沿海五口及長江三口通商事務，並指令薛煥會同湖廣總督官文、江西巡撫毓科籌辦漢口、九江通商事宜。「唯漢口、九江兩處，系通商創始，所有一切章程，必須按照條約，與之妥為商定，毋令別生枝節，以期永遠相安」。[4]江西巡撫毓科亦覺事關重大，於一八六一年一月，向清帝奏報：「九江通商，事屬創始，關係甚巨，恐非九江關監督一人所能辦理。」[5]因此，清廷委派江西布政使張集馨前來九江，會同籌辦開埠事宜。

一八六一年二月二十四日，英國駐華使館參贊巴夏禮（H. S. Parkes）和海軍中將賀布（James Hope）受其公使委派，帶著領事許士（P. J. Hughes）等「這個內中包括有上海英僑商會代表們的遠征團體」[6]乘船駛往長江中下游，察看鎮江、九江、漢口一帶江面情形。一行於三月三日、八日、九日先後到達九江。巴夏禮與許士赴廣饒南九道署，向道台兼九江關監督文恆、署九江府知府程元瑞、陳明在九江租地、派領事官許士留駐九江以辦理通商等事項，並提出前往南康（今星子縣）、饒州（今波陽縣）一

---

4 《軍機大臣寄欽差大臣官文等已准英國先在漢口九江通商著悉心妥辦上諭》，同上書，第 308 頁。

5 《江西巡撫毓科奏英船抵潯派藩司前往會辦通商摺》，同上書，上海人民出版社 1978 年版，第 431 頁。

6 姚賢鎬：《中國近代對外貿易史資料》，中華書局 1962 年版，第 2 冊，第 747 頁。

帶查看水勢及地方情形的意圖。隨後巴夏禮與賀布先去漢口辦理通商事宜。

一八六一年三月十六日，江西負責全權辦理九江通商事務的張集馨到達九江。不久，巴夏禮亦於漢口返潯。雙方「會商租地立市，合文立據各情」，[7]進行了初次接觸。二十三日，巴夏禮藉口察看九江上、下游一帶地勢為由與張集馨及其隨員南安府同知唐廷銓、省布政司理問馬長康至湖口，「以湖境扼要都湖，為江省咽喉，上通吳城，下達江皖，控踞形勢」為由，「欲在該處立市」。[8]馬長康據理力爭，指出：湖口城內，「地多亂石」城外「俱系沙土」，難造樓房貨棧；且湖口風險浪惡，商船停靠困難，必不願來；對岸安徽又常有太平軍活動，不如仍在九江開埠，這樣也符合《天津條約》原議條款。由於清代表的堅持，巴夏禮才放棄在湖口開埠之議。

三月二十五日，英國人勘定「九江府西門外地方，自龍開河起，沿大江往東，至思口之西十三丈止，量得共長一百五十丈，進深六十丈」，「立明四至，共合地基一百五十畝」[9]的一片土地，作為英國「永租地」。當日，英代表巴夏禮以「大英欽差大臣右參贊兼領事官事務」的身分，清代表張集馨以「大清欽命江

7　《籌辦夷務始末》（咸豐朝）卷七五。

8　《江西巡撫毓科奏英船抵潯派藩司前往會辦通商摺》，見《第二次鴉片戰爭》，上海人民出版社 1978 年版，第 5 冊，第 431 頁。

9　《九江租地約》，王鐵崖：《中外舊約彙編》，生活・讀書・新知三聯書店 1982 年版，第 1 冊，第 157 頁。

西等處承宣布政使司」的身分，簽訂了《九江租地約》。這樣，英國終於完成了其在九江口岸開埠通商的準備活動。

英國選定九江作為長江第一批開埠通商的口岸，主要基於下列因素的考慮：

第一，傳統因素的影響。如前所述，在傳統社會，九江作為溝通長江上下游的重要商埠，發揮著全國重要的貨物集散作用。鴉片戰爭前後，在英國市場最為暢銷的中國貨便是茶葉與瓷器。而江西景德鎮的瓷器以及修水、武寧等地的茶葉，除經廣州出口外，其中也有相當部分是從九江港水運至英國，如此重要的地位，在九江開關也就成為順理成章的事情。

第二，地理位置優越。九江位於長江中下游交切點，跨贛、鄂、皖三省，是著名的通都大邑。史謂：「北負大江，據江湖之口，為嚥喉之地」；[10]「北阻長江，南屏廬阜，上控武漢，下扼皖吳，截天塹之中流，據溢口為門戶」。[11]所謂吳楚嚥喉，江右衝要，在長江上的地理位置十分重要；日本人林安繁在《揚子江》一書中亦說：「九江商埠，則遠鎮長江上下之中心，近扼鄱陽湖之頂項，誠南北交通上之機關，有一無二地勢也。」又因背靠江西腹地，水陸交通便利，是長江中下游主要物資集散地之一。在長江經濟鏈中，長期發揮著重要作用。作為西方資本主義勢力深入長江，九江具有承上啟下的意義，是不可或缺的重要一

---

10 清顧祖禹：《讀史方輿紀要》，卷八五，《江西三》。
11 《清朝續文獻通考》卷三一四，《輿地十》。

環。

第三，腹地廣闊，資源豐富。江西省資源豐富，地理條件甚好，可稱全國的富庶之區，其茶葉之豐，「米穀之饒，瓷器夏布之工，則又天下著名者也」。[12]扼鄱陽湖口，是江西省出江入海的咽喉，深入江西腹地的孔道。而且這裡商業貿易繁華，經濟腹地廣闊。江西北部、湖北東部、安徽西南部出產的大米、茶葉、瓷器、棉花、油料等，均可經九江集散。這裡又便於循水路與鄱陽湖和贛江水系聯繫，開闢更大的商品市場。因而，在九江開埠通商被外國資本主義視為進行原材料收購和洋貨傾銷的理想場所。

第四，港口條件良好。九江港航道順直，江面寬闊，水深適宜，終年不凍。據總稅務司署揚子江技術委員會對長江的一次測量結果，九江港每日平均流量二十二點五億立方米，同時期的漢口每日平均流量為二十二億立方米，湖口每日平均流量為二十八點六億立方米，以流量計，九江略大於漢口而小於湖口。以流速計，九江冬季每秒平均為〇點五三米，夏季每秒平均為一點七七米，與漢口的〇點五六五米和一點七七米差不多，比湖口的〇點四九五米和一點七一米則稍大。[13]從航運的角度上說，其流量與流速都是很理想的。港內既可靠泊大小商船，上下客貨；又可靠泊軍用艦艇，選作軍事基地，以保護租界安全。

---

12 同11。

13 九江海關檔案：《揚子江技術委員會第三期年終報告：測量報告》，
　　1924年。

二　海關的設立

近代九江海關，於一八六一年設立，一八六二年十二月二十一日正式開關徵稅，是中國近代海關中推行稅務司制較早的海關之一。

九江和漢口兩個海關初設之時，只有對進出口岸貿易的商人行使監督之責，而無徵收關稅之權，進出於兩個口岸的所有稅鈔，均由上海關代為徵收，然後轉撥給江西、湖北兩省。但是，由於鄂、贛兩省受太平軍活動的影響，財源日漸枯竭，需儘快尋求經濟出路，對上海關代徵關稅的現狀自然不滿。在這種情況下，一八六二年一月，湖廣總督官文與江西巡撫毓科等，便奏請總理衙門，要求在江漢海關和九江海關直接徵稅。總理衙門准鄂、贛兩省所請，委派赫德（Robert Hart）前往會同辦理。赫德於七月十日到達漢口，隨即與官文及江漢關監督鄧蘭等籌議關稅徵收事項以及長江通商「防弊堵漏之法」，擬訂了江漢關徵收正稅、子口稅等章程。十二月二十八日，赫德順流而下來到九江，以江漢關徵稅章程為基礎，與江西及九江的有關地方官員議定了九江海關正式開關徵稅的有關事項。與此同時，湖廣總督官文急將江漢關的有關稅務章程逐項開列，咨行江西巡撫沈葆楨及九江海關監督廷曙「循照辦理，以免歧異」。[14]

至此，在赫德的直接策劃下，九江海關正式開關徵稅。近代九江海關就這樣誕生了。因為它不同於原來徵收船鈔的権關，又

14　《籌辦夷務始末（同治朝）》，卷十二。

因為它是徵收洋貨關稅和有洋人充當關員的海關，所以，人們便把原來徵收船鈔的戶部關叫做「常關」，而把海關叫做「新關」或「洋關」。

　　根據規定，各口海關是單一的整體機構，它的管理活動中心是各口的海關監督署。九江關監督署（附設九江道府之內）始設於一七三九年（清乾隆四年），是專門徵收鹽捐、貨釐、船鈔的機構。在清朝時，其監督以廣饒南九兵備道員兼任，不另派員。它是九江海關的最高管理機構：既是負責徵稅的海關行政部門，又是負責海關設檔登錄的監督部門。但自九江海關稅務司使署成立後，海關主要職能——徵收洋稅以及行政管理工作，就被全部納入稅務司使署所設計的軌道，而各口的關稅行政權又必須集中統一於總稅務司署，實行垂直領導。這樣一來，各稅務司就成了總稅務司在各關的代理人。九江稅務司就是總稅務司在九江海關的代理人。他承辦總稅務司所派之事，向總稅務司負責，「各種公事務以總稅務司之示諭是聽。」[15]凡商民訴辯之事，與中國官員晤談及來往文信、海關總巡、理船廳的工作報告等，都必須及時向總稅務司匯報，形成了一個不受或少受地方政府干預的獨立的權力系統。從而把海關監督排除在處理重大關務之外，「監督僅在署內，依據稅務司之報告以辦理登錄報告之事務而已。」[16]

15　九江海關檔案：《新關內班各項誠程》，《新關內班章程・稅務司》，第 26 頁。

16　〔日〕高柳松一郎著、李達譯：《中國關稅制度論》，商務印書館1929 年版，第 36 頁。

關監督署內部設施，除辦理常關稅務機構外，為便於與新關聯繫，另設有交涉科和總務科。

海關這種組織管理體制，對於擺脫地方政府干預，提高海關工作效率，集中控制財政稅收是有一定的積極作用；但也應該看到，這套制度，使清政府失去關稅自主權，稅務司把持的海關亦成為執行不平等條約的得力工具。

海關建立以後，其職權範圍非常廣泛，正如總稅務司赫德所言：「雖然叫做海關，但是它的範圍是廣泛的，它確實是一個改革所有海關分支機構行政管理和改進一切帝國行業的應有的核心組織。」[17]九江關稅務司使署內設內班、外班、海班、理船廳、燈塔處等機構，分別管理稅務、航運、緝私防漏等方面事務。其具體職責有如下幾個方面：

（一）徵收關稅

九江海關關稅的徵收是根據「九江關稅則」[18]規定執行的，其主要內容為：其一，船貨徵稅辦法：以一八五八年「長江通商章程」的有關規定為準，大約值百抽五；金、錢、錢錠、雜物等類物品，均免稅。其二，船鈔，即噸位稅：凡裝載逾一百五十噸的船隻，要交納鈔銀四錢；僅一百五十噸或不足此數的船隻，則只要交納銀鈔一錢；既經交納銀鈔，限四個月為有效期，逾期仍

---

17 1885 年 8 月 15 日總稅務司通札（第二類）第 317 號，轉引自《廈門大學學報》1980 年，第 1 期。

18 光緒《江西通志》卷八七，《經政略‧榷稅》。

按原定辦法納鈔；三板小船和僱用的中國民船，概不例外。其三，凡進口貨物，准一次納稅，免各子口徵收紛繁。土貨則在首經的子口輸交；洋貨則在海口完納。綜算貨價，每百兩徵子口稅銀二兩五錢，是為半稅。其四，凡土貨由本埠出口者，徵出口正稅，洋貨從本埠進口者，徵進口正稅。請領單照赴內地買賣，沿途不納釐稅，但徵子口半稅。在他地買土貨復進口者，徵復進口半稅。凡船載貨物，交納正半兩稅後，若要運往海外，經報江海關給照但未驗准者，仍留所納半稅，以抵其後應納稅銀。其五，解交稅收數額，以滿三個月為「一結」上報，一年為「四結」計收。關稅開支數額，則每「四結」為一次上報註銷。

九江海關的徵稅範圍：一八六四年劃為上至湖北武穴，下至江寧府（當時江蘇省治，今南京市）。一八八三年重新劃為上至湖北田家鎮半壁山，下至安徽省安慶。一九○一年，為清償《辛丑條約》的「賠款」，清政府同意海關兼管五十裡之常關。因而，九江的姑塘關亦劃歸海關管理。九江海關的關稅收入從設關之初一八六三年的不足五十萬兩到一九○○年的一百多萬兩，呈不斷上升之趨勢。其具體情況詳見下列附表：

· 九江海關歷年關稅收入表

年份	關稅收入	年份	關稅收入	年份	關稅收入
1863	478266	1880	727413	1897	944247
1864	579864	1881	804356	1898	931568
1865	490920	1882	863755	1899	1013657
1866	491411	1883	785682	1900	880182

1867	470120	1884	789976	1901	828201
1868	528982	1885	782526	1902	790941
1869	513472	1886	849694	1903	687277
1870	528458	1887	959747	1904	743129
1871	544752	1888	1107048	1905	671119
1872	448726	1889	1055225	1906	684080
1873	538783	1890	1126805	1907	756026
1874	723593	1891	1180937	1908	698146
1875	675431	1892	1027899	1909	696566
1876	703221	1893	1034250	1910	692357
1877	680537	1894	1000198	1911	686639
1878	753052	1895	1044465		
1879	726595	1896	1030628		

資料來源：根據湯象龍《中國近代海關稅收和分配統計》（1861-1910）第 102 表《全國各海關歷年各項稅收統計總表》，中華書局 1992 年版第 69-75 頁；1900 年以後根據實業部國際貿易局編《最近三十四年來中國通商口岸對外貿易統計》（1900-1933）第 9 表《三十四年來中國中部通商口岸海關稅收分類統計》，商務印書館 1935 年版，第 247 頁。另說明：1863-1899 年稅收單位力庫平兩，1912-1933 為關平兩；其中小數點後面尾數採取 4 舍 5 入的方法計算。

（二）兼管港口

九江海關除了徵收關稅外，還掌握著港務、港政管理權。九江海關下設理船廳（即港務司）負責港口全部事務，主要職責為：掌管指定船隻停泊處所，審批建築碼頭及駁岸，稽查出入船隻，考查檢驗船員證書，丈量輪船噸位，檢查浮標，指示航路，選用領港引水，管理火藥及爆裂物儲藏所，兼管防疫所、守望台

和水巡等項事務。[19]九江海關為了加強對港口的控制與管理，曾於一九一四年制訂了九江港《躉船上下貨條例》，[20]一九一八年七月三日，九江海關公佈了經中國政府外交部核准、由稅務司單爾（P．De Tamer）簽署的《九江港口管理船隻章程》，這是近代九江港第一個正式港章。[21]自輪船出現在九江港，港口的外部形態發生了很大的變化，適應輪船停靠的碼頭設施的出現，標誌著九江港步入近代發展的重要時期。下面所展示的是一九〇六年九江海關所繪製的九江港草圖：

---

19 參見《交通年鑑·總務篇》，第 1 章，1935 年版。

20 據關賡麟《交通史·航政篇·九江關》附錄九江港《躉船上下貨條例》，大體內容摘要如下：輪船運貨進口，無論是起上躉船或是起貨上岸，均須先向海關理船廳請領起貨批單，方准開倉起貨；出口貨物由船駁下輪船，或先進躉船再裝輪船，均須在完清出口稅銀後，請領海關下貨批准單，方准裝倉；各碼頭躉船應在海關指定處所停泊，不准擅自移動，如必須挪移，請領批准單，應先向海關報明，發給批准單方准挪移；躉船未向海關不准將錨鏈、椿索等拖至岸，躉船與江岸之間的內檔，不准停泊駁船，並按海關規定鋪設木板棧橋連接到岸。由此可見，九江海關兼管港口權力之大，事無鉅細皆須海關定奪。參見《交通年鑑·總務篇》，第 1 章，1935 年版。

21 該章程共計 29 條，另附則 3 條：規定了九江港港界：上游至鐵路駁岸終點，下游至九華門止；規定了各類輪船指定停泊區域：一般船隻應在上述港內停泊，載石油類船隻限停泊在港界之外，即下游鋼窯壋油池旁，上游鐵路駁岸終點之外，裝載軍火、爆炸物的船隻限停泊在港界之外，下游江北岸，應檢疫船隻限在港界之外的下游，距離江岸至少 370.64 米處停泊。規定了港內船隻指令泊所（即船隻調度指揮權），由港務長負責；規定了港務長的其他權力：裝運軍火、爆炸物批准權；船舶檢疫權；碼頭修建駁岸、安設躉船、填築河灘、占地和興修江堤批准權；港口浮標設置、管理、移動權等。《章程》還對港內航道疏濬、礙航沉船打撈、水域環境保護、港內航行安全、碼頭安全管理等，作了比較詳細的規定。

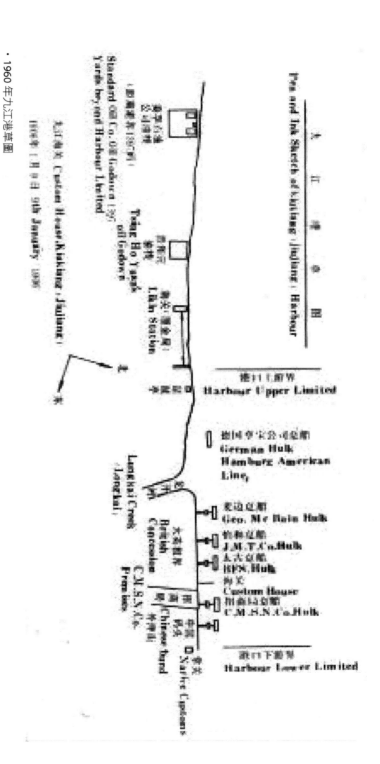

・1960 年九江港草圖

資料來源：1906 年 1 月九江海關繪製。

圖片來源：孫述誠主編《九江港史》，人民交通出版社 1991 年版，第 87 頁。

（三）治理航道

　　一八六八年海關部署設立海務處，負責沿海及長江航道、港口等事務。由此長江沿岸開埠城市的海關分段負責管理長江航道，諸如水位觀測、設立水線航道的機械疏濬、設立航標等日常工作也納入統一規範管理。九江海關相應設立了燈塔管理處專理其事。一九○三年，九江海關配備了一艘巡江艇「春星號」，並派出一名航道主管人員駐九江工作。一九○六年二月，正式任命一名巡江司及一名駕駛員主管「春星號」巡輪。巡江司專管測量、檢查航標和指導各巡江事務段的工作，這是九江最早的航道管理機構。

　　一九一一年五月調整機構，鎮江、蕪湖、九江、漢口被定為四個航標管理區段，九江巡江司兼有九江和漢口地區的航標管理權。一九二○年，巡江司下設巡江事務處，並由一名段長負責九江巡江事務。這樣，巡江司還正式開展了長江上最早的航道測量工作。一九二二年，巡江事務處由九江遷至漢口。[22]

　　為維修和建造助航設備，一九一○年海關在龍開河左岸一塊空地建立了燈標修理廠，僱用工人十四名，負責漢口和九江區域的小船修理和標誌船、躉船、燈房的建造等。一九二一年，九江修理所建造了十二艘木燈船，從而改變了長江下游依賴租用民船

22　《長江航史通訊》譯載〔英〕H. E. 希爾曼《海關巡江事務處長江中下游工作概述》，轉引自孫述誠主編《九江港史》，人民交通出版社1991年版，第76頁。

作燈船的狀況。²³一九二七年後，修理所被毀，九江段的日常維修工作只得在江邊進行。

航道管理機構的設置與有序運作，對長江幹流全年通航是重要的保障。推進輪船航道的開闢，使九江及沿岸城市貿易納入中外海上貿易網絡。

九江關稅務司使署初設之時，規模較小，華洋關員共三十餘人。隨著管理事務的逐漸增多，管理職權的不斷擴大，九江海關的機構亦漸次擴充，人員不斷增加。一八七六年超過八十人，一八八四年超過一百人，一八九九年超過一五〇人，一九二六年則更達到二九六人，同開關初期相比增加了近十倍。但增加的關員絕大多數是外班和理船廳的低級職員和雜役人員，而洋員的增減幅度很小，變化也不大。詳見下表：

· 九江海關華洋關員情況表

年份	內、外班			理船廳、燈塔處			總計
	洋員	華員	小計	洋員	華員	小計	
1876	14	51	65		18	18	83
1884	16	65	81		20	20	101
1899	21	94	115		38	33	153
1926	14	111	125	4	167	171	296

資料來源：根據九江海關檔案：《歷年新關題名錄》整理。轉引自《江西近代貿易史資料》，江西人民出版社 1988 年版，第 34-35 頁。

---

23 第二歷史檔案館九江海關檔案：《代理巡江事務長 L.R. 卡樂爾先生關於燈標修理廠的報告》，全宗號 679，案件號 20922。

先後在九江海關任職過的外國關員，分別來自十五個國家。
這些國家是：英國、法國、德國、俄國、丹麥、美國、挪威、荷
蘭、瑞典、意大利、奧地利、葡萄牙、比利時、土耳其和日本；
與稅務司一樣，英籍職員占絕大多數。以一八九三年至一九二七
年為例（不包括稅務司），英國為 165 人，法國為 11 人，美國
22 人，德國 32 人，丹麥 10 人，挪威 11 人，荷蘭 3 人，瑞典 7
人，意大利 7 人，俄國 10 人，奧地利 3 人，葡萄牙 5 人，比利
時 1 人，土耳其 1 人，日本 7 人，是名副其實的洋人控制的海
關。

第二節 ▶ 通商口岸：直面世界的窗口

一　租界和避暑地的開闢

（一）租界的設立

　　一八六一年三月二十五日，英國根據不平等條約強迫清朝政
府簽訂了《九江租地約》規定：「所有界內民房、鋪戶、柵寮等
間，即應計明間數開冊。自定此約之後，不准民人在界內再造鋪
屋等間。俟領事官用地之日，即會同本府、縣隨時傳集本房屋地
主，呈驗地契，當面核算，分別地基、房間大小等次，由官按照
地勢定銀若干，不准百姓抬高價值，亦不准英商任意發價勒買，
總以兩不吃虧，而昭平允。」同時，還規定：「永租與英國官
憲，分為英國商民建造房棧居住」，並「永為英國之業」。又規

定：對於租界內「所應如何分段並造公路，管辦此地一切事宜，全歸英國駐紮九江府領事官專管，隨時定章辦理」。九江英租界東至九江府城西門外大街之功敘坊口，西至龍開河，北至長江江岸，南至接官廳及滷浦港，以木橋（趙公橋）與府城正街相連。

一八九二年，九江英租界進一步擴充地盤，將界內滷浦港填築為陸地，闢為洋人公園和小學用地，還建起球場，供洋人享用，在修建下水道時，英國人又將與府城正街相通的趙公橋挖除。在租界各個通道路口砌上磚牆，安設柵門。具體情況詳如圖示：

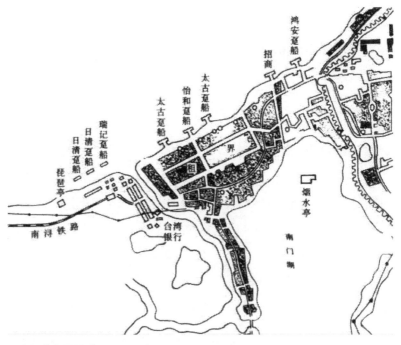

·九江英租界圖（1861-1927）

圖片資料來源：日本東亞同文會編《支那省別全志·江西省》，1918 年版，頁首插圖（部分）。

為了管理九江租界，英國確定與實行了完全獨立於中國行政系統和法律以外的另一套統治制度，設立了租界管理機構。

一是設立工部局，行使租界的立法權與執行權。工部局的成員是從租界內有資產的洋人中選舉出來的，但規定英國人必須占半數。這種名為民選的自治機關，在英領事官的監督下，負責租界的道路、衛生、教育、公營事業、徵收捐稅、任免人員等行政事務。

二是設立巡捕房，負責維護租界的公共秩序。它的頭目由英國人充任。當巡捕的人，以僱傭來的英屬印度人為多，其中也有少數華人。

這一整套機構的設立，使九江租界成了中國行政與法律不能行使的特殊區域——「國中之國」，成為西方勢力楔入九江的橋頭堡。英國、美國、法國、德國、俄國、丹麥、荷蘭、西班牙、比利時、意大利、奧地利、日本等十多個國家的商人，經常往來於九江。他們的人數多少不一，商務多寡不同。為了保護他們在九江的政治、經濟特權，上述國家的政府，不是常設領事，就是指派其他商埠的領事代表該國政府辦理與交涉在九江口岸的有關事務。

在九江設置領事館和常駐領事官的國家，開始只有英國。它於一八六一年三月在九江設立領事館，並派出許士為第一任領事官，參與英租界和商埠的開闢。其後的領事官，有名可查的先後有佛禮賜、海格士、樂民樂、狄隆、倭納等。

美國、法國、德國、俄國、丹麥等國，都沒有領事常駐九江。美國在九江的所有通商與交涉事宜，均尤其駐漢口總領事、

領事兼管。其他國家的有關事務，以一九○三年前後為例，法國由駐上海總領事巨籍達兼管，德國歸江寧領事蓋薩時兼管，俄國則由駐漢口領事負責；丹麥以駐上海領事厲克司密甫兼管九江等口事務，一九○六年該國在漢口設立副領事署，「將漢口、九江、岳州、沙市、宜昌各通商口岸，一併歸該副領事署管轄，並派駐紮漢口丹國商人卜琅德辦理副領事事務。」[24]

荷蘭曾於九江設立副領事。但副領事一職，在一九○三年前後，是由英國商人兼充的，「其人亦來去靡常」。[25]

日本進入九江較他國晚些。該國事務，一八九五年由駐上海總領事珍田舍已兼管。一八九七年由「駐紮上海兼駐杭州二等領事小田切萬壽之助，兼轄鎮江、蕪湖、九江、寧波、溫州等處」[26]事務。一九○三年則由駐漢口領事矢由兼管。從一九一二年起，日本在九江設立領事府，此後派常駐領事，任該職者有河西信等人。

租界設立後，一些機構亦相繼設立，據《在九江帝國領事館管轄區域內事情》記載，先後有：英國領事館、英國巡捕房、日本領事館、九江海關、九江郵政局、亞細亞洋行、美孚洋行、怡和洋行、太古洋行、台灣銀行、日清汽船株式會社、順豐洋行、阜昌洋行、英美菸草公司、稅務司公館、巡江司公館、天主堂、

---

24 九江海關檔案：《總稅務司通告：1905-1906》總字第 188 號。

25 《派辦處准廣饒九南道瑞咨移各國領事洋商行棧名號文》，見《江西官報》甲辰年（1904 年）第 11 期，奏牘。

26 九江海關檔案：《總稅務司通告：1896-1897 年》總字第 2245 號。

天主堂醫院、九江俱樂部、以及日本人俱樂部、海關俱樂部、內地會、副稅務司公館等等。[27]

（二）盧山租借地的開闢

一八八七年一月（光緒十二年十二月），英國教士李德立遊歷盧山，與當時的德化縣舉人萬和庚等簽訂了購買牯嶺長沖、高沖、女兒城、大小校場和講經台等處的公地契約，擬建避暑用房。事情發生後，地方當局曾不予承認。經過交涉，至一八九五年十二月三十一日，才在清政府總理衙門和英駐京公使的干預下，由德化當局與李德立訂立租約，將「水流縈繞，地勢極佳，合建屋避暑之用」[28]的長沖公地租給了英國教士李德立，李德立得地之後，「輾轉租與牯嶺公司分別出租，蓋屋避暑」。[29]

李德立開盧山租地之端後，隨後外國租地逐漸擴大。俄國東教堂於一八九八年租得星洲、蘆林等處空地，美國傳教士海格思在盧山的醫生窪租得土地。一九○四年，英國領事與廣南九南道道台再訂《盧山草地坡等處議租地條約》議定：毗連原租長沖地方之草地坡、下衝、猴子嶺、大林寺沖以及醫生凸等處土地，使盧山避暑地的面積進一步擴展，形成牯嶺、蘆林兩大避暑地，稱

---

27 日本外務省通商局編：《在九江帝國領事館管轄區域內事情》，1923年版。並見於日本東亞同文會編《支那省別全志·江西省》，1918年版。

28 吳宗慈：《盧山志》第六冊，1933年鉛印本。

29 《九江道瑞與駐英領事樂訂立盧山租地條約》，見《申報》1905年2月23日。

之為「特區」，[30]其擴充以後的租借地如圖示：

火林冲
牯牛岭
牯岭避暑地
长
冲
女
儿
城
下冲
九江县
星
洲
芦林
避暑地
星子县

圖片資村來源：《費成康中國租界史》，上海社會科學院出版社 1991 年版，第 319 頁。

　　據《申報》記載：廬山避暑地由英、美、德、法、意、挪威、日本等七國組成，南北長約三里，東西寬約二里。避暑地以

30　據吳宗慈：《廬山志》綱之三，《山政 · 各租借地交涉案匯考》載：「特區者，即長沖、下衝、草地坡、猴子嶺、大林寺沖、醫生凸、醫生窪各租借地之總名也。該租借地本統括名之曰『牯嶺』，外人避暑地收回警察行政權後，乃名之曰『特區』」。

內，有外人住宅三百餘所。並由此三百餘家組一自治機關，經理界內土地買賣、房屋建築修理、收稅、道路工程、衛生、警政、教育、慈善事業及一切事宜。其法以界內土地，除先經購買外，悉歸公有，而定價出售之，每長二十五丈，寬十二丈五尺價三百元。建屋則每所年納稅二十元至三十元充界內自治經費，租界內之外國人與外國人偶游廬山入此界者，皆須年納稅一元，充界內築路費。

其自治機關額設董事十二人，為名譽職。由此三百餘家互舉之，無房屋不納稅者無權參與，是為機關之主體，每年六月開常會，此十二人中，規定至少須舉常駐界內者三人。設警察二十名，夏時令站崗，平時則督工，或令其保管房屋。夏時飲料及市售食物皆須受自治機關衛生員之檢查，嚴禁傾棄污穢之水與一切物於溪內。

界內有小學校，禮拜堂，醫院，以及公共運動場。但見道路橋樑修治平坦，綠陰夾道，溪深水清，方罫整齊，氣疏以達，自治之總辦策馬巡行於其間，百工各外，俄人租界一區，地較小，房屋僅四所，未有經營成績。這些西式的管理方式，使廬山避暑地經營頗有特色，「入其境者，恍游歐美焉」。[31]

租界和避暑地的開闢，使九江常住外國居民不斷的增加，在二十世紀初常住和來往旅客多在一千餘人。[32]後來由於牯嶺市政

---

31 見《申報》，1914 年 4 月 9 日。

32 據九江海關檔案記載：「（1913 年）在扣除了離開碼頭的人數後，每

之擴張，其規模和設施的不斷改善，而有不斷增多之趨勢。到二十世紀二〇年代則達兩千餘人。[33]這些外國居民，大多是來廬山避暑度假者為多，但來九江經商和投資的也為數不少。

九江租界和避暑地建立後，外國勢力在長江中、下游的結合區取得了一個穩固的，並且十分重要的據點。正如西方人在談論通商口岸的優勢時說：[34]

通商口岸所具有的利益而為非通商口岸所無者，就是外國人可以擁有土地房屋並在那裡居住，外國商船可以在那裡裝卸貨物，外國和中國商品可以在交納一定的關稅後進出

年有 1200 百多外國旅客到達，住宿在九江。這樣，在十年裡，這個九江港的人口就可達到 13000。其實外國常住人口（包括牯嶺和九江）每年並沒有什麼變動。輪船公司聲稱，他們不可能提供出外國旅客的正確數字。這樣，外國人進來數字不斷增加，而實際上整個數字一直很穩定。」見九江海關檔案：**Kiukiang Trade Reports**，轉引自《江西近代貿易史資料》，江西人民出版社 1987 年版，第 19 頁。

33 如 1922 年 8 月 18 日《申報》記載：「今夏江西戰事，於避暑西人毫無影響，即九江兵變近在咫尺，亦無絲毫關係，去年來牯嶺避暑西人，男婦老幼共二千三百七十六人，今夏則有二千四百九十七人，去年西人所雇華僕共一千三百四十七人，今夏則為一千六百四十五人，是今夏牯嶺人口除華人外，就西人及其雇僕計，已有四千一百四十二人，其中美人居一千零三十二人，英人七百三十六人」；另據吳宗慈：《廬山志》綱之三《山政・行政》記載：「牯嶺人口據 1931 年西人統計，在租借地區內，中外人凡 2840，傭僕等 1086。非租借地，約當其半」。其數亦大體相當，為 2000 人左右。

34 Byron Brenan：Report on the Stateof Trade，at the Treaty Ports of China，1898，p2-3。轉引自姚賢鎬：《中國近代對外貿易史資料》第 2 冊，第 734-735 頁。

口，外國貨可以由這些口岸有洋關徵收關稅，洋關的人員全部為歐洲人，而且直接由北京領導，因此完全不受省政府管轄。所有輪船以及洋式船隻上的貿易，無論國籍，甚至懸掛中國國旗的船隻，洋關也有權監督。這些船上所載的一切貨物，無論其貨主屬於任何國籍，一經進入口岸，都要受這個機關即所謂洋關的管轄。因此中國進出口商與外國商人在納稅方面是處在同樣的地位。

在這種種有利的條件下，九江租界不僅成為外國勢力在華投資經營、集居的中心地；而且以九江為跳板，外國勢力還可以深入江西腹地及鄰近地區，進行經濟滲透。當然，租界的建立，客觀上也提供了刺激中國資本主義成長的溫床，成為九江近代化的發軔地。十九世紀後半期，外國航運企業紛紛在租界內建立機構，在租界的沿江地帶設置躉船、棧橋，修建貨棧、碼頭。租界附近的江面逐漸成為輪船停泊區，這為九江對外貿易的進一步發展奠定了良好的基礎。同時，租界的一市兩治，也為九江城市市政建設提供了模式，這對以後九江城市的發展奠定了一定的基礎。

二　洋行的設立

伴隨著租界的建立，外國公司和洋行亦紛紛湧入九江通商口岸開展業務。自一八六二年始至抗日戰爭前，先後有美國的「瓊記」、「旗昌」、「美孚」，英國的「怡和」、「太古」、「亞細亞」、「德士古」、「祥泰」、「寶順」，俄國的「順豐」和「新泰」兩大

磚茶廠，法國的亞洲航運公司，日本的「日清」、「東京公司」、
「藤田」、「伊藤」、「鈴水」、「東亞」、「郵船」等會社以及來自
不同國度的「享寶」、「鴻安」、「東方」、「美最時」、「美星」、「三
北」、「五成」、「順發」、「中信」、「卜義門」、「瑞記」、「新義
太」、「麥邊」等外國公司與洋行。由於史料關係，現把有比較
確切記載的有關洋行、公司列表於下，以窺一斑。

・開埠通商以後九江外國洋行、公司進駐一覽表

國別	名稱	開設時間	經營範圍
美國	旗昌輪船公司	1862	輪船運輸、貨棧、進出口貿易
美國	瓊記洋行	1862	進出口貿易
俄國	豐順磚茶廠	1863	茶葉收購與加工出口
英國	怡和洋行	1864	輪船運輸、貨棧、進出口貿易
英國	太古公司	1873	輪船運輸、貨棧、進出口貿易
俄國	新泰磚茶廠	1875	茶葉收購與加工
英國	匯豐銀行	1879	金融、匯兌、存貸業務
英國（合資）	鴻安商輪公司	1888	輪船運輸、貨棧、進出口貿易
日本	大阪商船株式會社會	1898	輪船運輸、貨棧、進出口貿易
英國	順昌洋行	1899	進出口貿易
德國	瑞記洋行	1900	輪船運輸、進出口貿易
日本	東京公司	1900	收購加工雞蛋出口

俄國	阜昌磚茶廠	1901	茶葉收購與加工
英國	英美菸草公司	1902	收購煙葉、推銷香菸
法國	亞洲航運公司	1903	航運、進出口貿易
日本	日清汽船株式會	1907	長江及江西內河輪船運輸
美國	美孚石油公司	1910	煤油經銷
日本	台灣銀行	1913	金融、匯兌、存貸款業務
英國	亞細亞火油公司	1915	煤油經銷

資料來源：根據《申報》、《江西近代工礦史資料選編》、《九江經濟調查》、《九江百年》、《九江老字號》等資料綜合製成。

　　率先進入九江口岸是美國的旗昌、瓊記洋行。[35]早在九江開埠前，美商旗昌洋行就先來九江「租賃民房，設立行棧。」[36]一八六二年，旗昌輪船公司在上海成立，當年即在九江設立分公司。旗昌九江分公司的地址，位於九江府城西門外張官巷義和裡，占地面積為一九三點一七平方丈，合三點二一九五畝。[37]地

---

35 同治二年元月江西巡撫沈葆楨奏：「又有美國瓊記、旗昌、美孚等洋商，到潯租地起造，亦往廷曙等督同府縣，暨美國領事畢理格，勘定郡城西門外偏僻街市地基九畝三分六釐九毫九絲，該地向無完地丁兵米，租價比英國加倍，系由該國商人自向各業戶分別丈明，立約清租。又於龍開河西岸，丈量濂溪書院空地五十畝，每畝租價五十串，共錢二千五百串，經畢理格扣成漕平銀一千七百兩，交存九江府庫，以為地方公用」。見《籌辦夷務始末》（同治朝）卷十三。

36 （清）夏燮：《中西紀事》，卷十七，《長江設關》。

37 第二歷史檔案館館藏「招商局檔案」，全宗號 468，案卷號 552。

界自張官巷起，沿大街東行，大街南為旗昌九江分公司及貨棧，北濱江邊為旗昌九江分公司碼頭，碼頭為浮薹──木棧橋式。旗昌還在龍開河西琵琶亭（今北徑路、通江路一帶）占地一塊，約五一四二平方丈，同租界基本連成一片。[38]美商旗昌輪船公司是第一家在九江設立分支機構的外國輪船公司。

・九江租界內碼頭全景（碼頭工作最多時達 10000 人）。

旗昌輪船公司資本雄厚，運力充足，且在停靠港口設有自己的碼頭和貨棧，憑藉不平等條約的保護，發展極為迅速，成為早期長江勢力最大的航運集團。一八六四年，旗昌輪船公司擁有輪

38 同36。

船八艘，六萬餘噸，一八六六年，增至十二艘，一萬七千餘噸，一八七二年又增至地十九艘，二萬七千餘噸。一八六七年至一八七二年間其獲取純利高達三百三十八萬銀兩。

　　當時九江港是長江航線上海至漢口間四個通商口岸之一。十九世紀六〇年代，旗昌輪船公司中途停靠九江港的輪船有「湖廣號」（1339 噸）、「山西號」（1006 噸）和「四川號」（1006 噸）等。旗昌輪船公司在九江設立分公司，獨霸了早期九江航運業務。一八七七年，旗昌輪船公司高價售予中國的輪船招商局，九江招商分局接管旗昌公司在九江的資產。

　　其次進入九江的是豐順磚茶廠，它隸屬於豐順公司。豐順公司系俄國在華企業之一，「其漢口工廠位於俄界、占地甚大。在九江還另有一工廠。產品直接運往西北利亞。」[39]所謂「在九江還另有一工廠」，就是指豐順磚茶廠。

　　豐順公司九江分公司磚茶廠，在九江當年的外資企業中，是屬於設立時間最早、獲利最多、影響最大的一間工廠。經理是莫爾尼考夫（D. M. Melnikoff），在他領導下，「僱傭了為數很多的中國工人，在俄國茶葉專家的監督下，從事製造磚茶與茶餅」。[40]一八八二年的《英領事商務報告》中，稱讚它是「可以對本埠的貿易有些推動作用」的「一種新的工業」。在十九世紀

39　《商埠志》第 716 頁，引自汪敬虞：《中國近代工業史資料》第二輯（上冊）第 283 頁。

40　《商埠志》第 716 頁，引自孫毓棠：《中國近代史工業史資料》第一輯（上冊）第 62 頁。

八〇年代中期，其磚茶的製造規模很大，夏、秋二季的生產「十足開工」。至八〇年代末，「為俄國市場的磚茶製造業一年一年地重要起來了。末茶價格的低廉，生產成本的便宜，低的出口稅率（如茶磚出口每百斤只納稅銀六錢——引者注），以及俄國低的入口稅，合起來使得這種貿易成功並很能獲利。」[41]對此，日本的藤戶計大在一九〇一年出版的《揚子江》一書中寫道：「占本埠輸出額首位（3000000 兩）之茶磚等與漢口者同為俄人所經營，工廠有三所，其產額年年在增加。」[42]至二十世紀初，規模繼續擴大，新建「高大寬深」的貨棧幾幢以供存放原料和產品。它專門「以中國茶末攙入錫蘭茶製造磚茶，計成『小金磚』一千四百擔，磚茶二萬擔。每日役工七、八百名」。[43]至辛亥革命前後，俄商曾擬將此廠停工關閉，後因漢口的磚茶廠被焚燒，才不得不改變原來的決定，而繼續開工生產。

根據《關冊》的統計資料，九江豐順公司磚茶廠歷年來的磚茶產量，如下表：

---

41 《關冊》，1888 年，九江，引自孫毓棠：《中國近代工業史資料》第一輯（上冊）第 63 頁。

42 孫毓棠：《中國近代工業史資料》第一輯（上冊），科學出版社 1957 年版，第 63 頁。

43 《關冊》，1915 年，九江，見汪敬虞：《中國近代工業史資料》第二輯（上冊）第 284 頁。

· 九江豐順磚茶廠歷年產值產量表

年份	產值或產量	年份	產值或產量	年份	產值或產量
1867	129254 鎊	1877	9236 擔	1886	34793 擔
1868	43084 鎊	1878	112855 擔	1887	35821 擔
1870	329979 鎊	1879	14797 擔	1888	49273 擔
1874	93479 鎊	1884	23000 擔	1889	31409 擔
1875	199985 鎊	1885	19746 擔	1890	15703 擔

資料來源：根據 1870 年、1875 年、1884 年、1889 年、1890 年《關冊》和九江
海關檔案：《英國領事商務報告》，1875 年中的有關資料製作。

　　另一組數據告訴我們，俄國人在九江的磚茶廠生產並出口的
磚茶，十九世紀七〇年代為 86128 擔，值銀 664512 兩；八〇年
代為 259268 擔，值銀 1894158 兩；九〇年代為 342760 擔，值銀
2989622 兩，並第一次製造與出口了 3700 擔茶餅，值銀 41000
兩。[44]足見俄商在九江的磚茶廠生產能力還是很強的。

　　隨之而來的還有英國的「太古」、「怡和」、日本的「日清」
等洋行和公司。

　　太古洋行開辦於一八六七年，隸屬於英國倫敦「中國航業公
司」。擁有輪船八十艘，169000 噸。辟有滬、漢、港三大幹線，
十九條航路，常年航行在長江與沿海各通商口岸。在長江航線

[44]　《海關十年報告・九江關》，1882-1891、1892-1901，分別見中國第
　　二歷史檔案館、中國海關總署辦公廳編：《中國舊海關史料》，京華出
　　版社 2001 年版，第 152 冊第 215 頁，第 153 冊第 344 頁，第 152 冊第
　　213 頁。

上，共有大小輪船九艘，計 19436 噸。[45]九江港是該洋行在長江航線上的一個重要的停泊站。一八七五年，清湖廣總督李勝脫為太古輪船公司在九江租買地皮，設立分公司。並在英租界內濱江路安設碼頭。碼頭為浮躉船──木棧橋式。設鐵質躉船一艘，名為「巴沙」，長兩百五十英尺，寬四十英尺，深十三英尺。還建有辦公樓和三座貨棧，總容量為 1300 噸。[46]太古九江分公司實力強，業務興旺。除從事航運外，還經營進出口業務。其出口大多是以茶葉、瓷器、雞蛋、皮革為主；進口以棉織品和日用百貨為主。並增闢南潯航線：「九江──湖口──南昌」。涉入江西內河航運。一九〇六年，該行在這條航線上行駛的「沙市」號輪船，企圖「在吳城設駁，並欲裝土藥」[47]。「沙市」意向，通過駐潯領事出面，向江西地方當局交涉。贛方以「有礙水道」、「杜偷漏土藥」等內由，予以拒絕。

怡和洋行，成立於一八七七年，隸屬於英國「印度中國航運公司」。一八八二年後，才開闢長江航線，開始了在長江的航運活動。總的航線與「太古」略同。擁有航行船五十餘艘，共計 140000 噸；其中，八艘專行駛於長江航線，計 20489 噸。[48]怡和

---

45 〔日〕長野郎著、丁振一譯：《中國領土內帝國主義者資本戰》，上海聯合書店 1929 年版，第 174 頁。

46 參見孫述誠主編：《九江港史》，人民交通出版社 1991 年版，第 79 頁。

47 《撫院復駐潯英領事函》，載《江西官報》丙午年（1906 年）第八期，外交政紀。

48 〔日〕長野郎著、丁振一譯：《中國領土內帝國主義者資本戰》，上海

輪船公司在九江所設機構名為「怡和輪船公司九江代表處」，也叫九江怡和洋行。代表處共有辦事員十多名。建有辦公樓和貨棧，倉庫容量為 17000 噸。並在九江港設有碼頭一座，設有鐵質躉船一艘，名為「永泰」，躉船長二七五英尺、寬四十英尺，深十點八英尺。怡和除從事航運外，兼營進出口業務，出口主要為茶葉、瓷器及土特產品，進口為棉織品和日用百貨。

日清汽船株式會社，組建於一九〇七年。這個公司開始只在長江航線上活動，後來拓通了華南沿海航線。共有輪船二十一艘，約計 50000 噸。其中，十四艘行駛於長江航線，計 32000 餘噸。[49]日清汽船會社本部設在東京，在上海、漢口設有支店，在蕪湖、九江、長沙、宜昌、重慶設有子店，九江後升為支店。日清除經營長江航線外，還開闢了九江至南昌線。是繼太古公司之後，把航運範圍擴大到江西內河航運的外國輪船公司。

此外，進出口九江港的船隻，還有亞細亞及美孚兩煤油公司的輪船。一九〇三年，法國的亞洲航運公司，開始用兩艘輪船在長江上進行貿易活動，亦經常停泊九江港，裝卸進出口貨物。這些輪船公司還直接參與了江西的內河航運業的競爭。具體情況詳如下表：

聯合書店 1929 年版，第 175 頁。

49 〔日〕長野郎著、丁振一譯：《中國領土內帝國主義者資本戰》，上海聯合書店 1929 年版，第 175 頁。

· 1923 年在海事海關登記並准許駛往內陸地區的外國駁船一覽表

註冊號	公司名稱	噸稅	註冊號	公司名稱	噸稅
中印 3 號	怡和輪船公司	69.00	九江 3 號	太古輪船公司	77.00
中印 4 號	怡和輪船公司	69.00	饒江號	亞細亞火油公司	70.00
中印 5 號	怡和輪船公司	69.00	遠江號	亞細亞火油公司	70.00
日清 81 號	日清輪船公司	75.00	南江號	亞細亞火油公司	71.00
日清 82 號	日清輪船公司	86.00	長江號	亞細亞火油公司	71.00
日清 83 號	日清輪船公司	86.00	114 號	美孚石油公司	89.27
日清 431 號	日清輪船公司	95.00	115 號	美孚石油公司	89.27
九江 1 號	太古輪船公司	77.00	116 號	美孚石油公司	89.27
九江 2 號	太古輪船公司	77.00			

資料來源:《關於洋式駁船及貨船問題》,常關 358 號,1923 年,3 月 14 日,中國第二歷史檔案館藏海關檔案,全宗號 679,卷宗號 1912 號。

　　從外國洋行進駐九江的總體情況來看,它包括航運、製造和金融等多種行業,但是,其中尤以航運業為主體。近代航運是資本主義國家爭奪市場、傾銷商品、掠奪原料的重要工具,亦就成為他們重點開發的對象。外國航業的介入,一方面排擠、打擊了

中國舊式航業；另一方面也刺激了中國近代民族航業的發展。國內民族資本亦紛紛介入九江，首當其衝的是輪船招商局。

一八七三年一月十四日，輪船招商局在上海正式成立，以「承辦漕運，兼攬客貨」，經營長江、沿海和東南亞航運業。當年，九江招商分局即在九江港建立碼頭，設囤船一艘，值規元六千三百餘兩。一八七四年，又租地設立貨棧，儲存漕米。至一八七五年，又添造囤船一艘，碼頭長度達三百尺，初步形成了一套船隻靠泊，上下客貨的碼頭設施及至一八七七年，美商旗昌輪船公司將其全部財產高價售與中國的輪船招商局。九江招商分局得以接受該公司在潯全部財產，「碼頭倉庫為數甚多」。[50]一八九九年，九江招商分局復向美商瓊記洋行購進房產和地基。一九〇七年，分局重建立九江碼頭，置囤船「江寧」號，另添置鐵殼駁船兩艘，碼頭設備更趨完備。一九二六年，又購進龍開河碼頭基地，和官牌夾空地一片。至抗日戰爭前，九江招商分局擁有碼頭四座，長度二七四四米，倉庫三座，容量達 12000 多噸，大型囤船二艘，可以停靠大型客貨輪船，並配有辦公樓、煤場、電台、職工宿舍等生產、生活設施，占地面積達一百二十七點五畝。[51]

九江招商分局在九江的業務以客運和百雜貨運輸為主，在長江各分局中僅次於漢口分局，列第二位。招商局經常往來於九江

---

50 第二歷史檔案館藏：招商局檔案，全宗號 468，卷宗號 552，《九江局產》。

51 同 50。

港的客貨輪船有九艘，船名及噸位如下：

・招商局進出九江客貨輪一覽表

輪船名	噸位	輪船名	噸位	輪船名	噸位
江安輪	4327	江順輪	4327	江靖輪	1682
江裕輪	3090	江華輪	3090	江大輪	1682
江天輪	2012	江新輪	3327	建國輪	2868

資料來序：江西《經濟旬刊》卷二（1933 年）。

　　國營輪船招商局的創立和發展，打破了外國資本主義對長江航運的壟斷局面。招商局九江分局，則成為和怡和、太古和日清九江分公司相匹敵的四大輪船公司之一，由此亦鼓舞了民族資產階級興辦民營航業的信心。在第一次世界大戰期間，又有大達輪船公司、三北輪埠公司和寧紹輪船公司等民營航業相繼建立，他們均在九江有一定的業務往來。但相比較而言，外國輪船公司業務量在總體上還是占據主體地位。以一八七九年輪船進出九江港統計就可看出這一點：

・1879 年九江港進出口船隻表

船籍國別	進口		出口		合計	
	艘數	總噸數	艘數	總噸數	艘數	總噸數
英國船	376	345495	376	345495	752	690990
中國船	256	244864	256	244864	512	489728
美國船	13	1772	13	1772	26	3544
西班牙船	7	818	7	818	14	1636

德國船	4	459	4	459	8	918
丹麥船	3	396	3	396	6	792
總計	659	593804	659	593804	1318	1187608

資料來前：根據《海關關冊》第二歷史檔案館館藏全宗號一七八案卷號 45 整理。

　　另據一九○二年的調查資料統計，本年度在長江行駛的各輪船公司進出九江口岸的共有 422119 噸。內河小輪進出九江港者計九○二隻，共 24870 噸，多係華商所有。[52]從絕對數量上還是外國輪船公司占優勢。

　　外國洋行的大量進駐，不僅使九江的貿易性質發生了轉變，同時也使九江的貿易地位發生了變化，成為直接面對世界的窗口，參與到國際經濟大循環之中。

三　教會與西方文化的契入

　　從《天津條約》到《北京條約》訂立，外國教會取得了在中國自由活動的權利。中法《天津條約》第十三條規定：「天主教原以勸人行善為本。凡奉教之人，皆全獲保佑身家，其會同禮拜誦經等事，概聽其便。凡按第八款備有蓋印執照、安然入內地傳教之人，地方官務必厚待保護。凡中國人願信崇天主教而循規蹈

52　參見黃序鵷《海關通志》上卷，《九江關》，商務印書館 1917 年版，第 102 頁。

矩者，毫無查禁，皆免懲治。」[53]中法《北京條約》中還由充當翻譯員的法國教士私自加上了「任法國傳教士在各省租買田地，建造自便」的條文。這樣，中國原來禁止外國傳教士進入的大門被徹底打開。九江開埠通商以後，伴隨外國洋行及外國商品而來的還有西方傳教士。

由九江進入江西最早的傳教士，是法國總理江西天主教務代全權大臣羅安當（A‧Anot）。他於一八六一年十二月到達九江，一八六二年一月十七日，羅安當拿著總理衙門給的執照，帶了六個隨從至南昌，江西巡撫毓科委派候補知縣夏爕負責接待。在這次會晤中羅安當提出在南昌擴建天主教堂的要求。「即就進賢門外天主教堂擴充基址，以便勸民入教，按期禮拜，並將筷子巷房屋作為育嬰公所。」[54]結果得到江西當局的應允。這樣，羅安當就成為清朝政府「禁教」大門被開以後首先進入江西的傳教士。此後，各國教士紛至沓來，[55]跨過九江大門，遍及江西全省。

一八六五年開始，法國天主教，在九江以及贛北、鄂東各地，先後設立了天主堂、仁慈堂、醫院、濟世中學、濟世小學等十餘個教會團體和學校。

---

53 王鐵崖編：《中外舊約彙編》，生活‧讀書‧新知三聯書店 1982 年版，第 1 冊，第 107 頁。

54 《籌辦夷務始未》（同治朝）卷五，並見夏爕《中西紀事》卷二十一。

55 《申報》1891 年 6 月 14 日各處鬧教餘聞記載：「九江自中外通商，教堂林立，泰西男婦，聚族而居。」

繼天主教之後而來的是基督教。一八六七年美國傳教士赫爾利（Dr Her Lea）與陶理（Driotege）奉美國美以美會（衛理公會）的派遣前來到九江，在江邊租房屋數棟，開始傳教。兩年後，又有數名傳教士相繼前來九江助理赫、陶兩位牧師。他們從原來的江邊逐漸發展到城內南門湖畔，興建教堂和住房。他們以此為基地積極擴展自己的勢力和影響，南向省會南昌及撫贛兩河流域發展，北向鄰省湖北所屬黃梅、安徽所屬太湖、宿松等地開拓。形成了以九江為中心的贛北、黃梅、南昌、撫河、贛江五教區，總稱江西年會教牧區，總會設在九江。下轄建有甘南、化善堂、後街、小池、黃梅、孔壠、胡世柏、宿松、太湖、涵口、彭澤、沙河、瑞昌、饒州、景德鎮、德勝、半步街、新民堂、志道堂、進賢、梅莊、李家渡、臨川、南城、嵩市、黎川、南豐、豐城、樟樹、峽江等共三十四個教堂。[56]並在九江召開了第一次年會。

　　一九〇五年後，美國基督教會的中華聖公會、安息日會、循日會，英國倫敦會、浸禮會、內地會以及法國的巴黎外方傳教會等也紛紛來到九江，建立宗教組織。

　　數十年來，外國人在九江建立的教堂計有大、小十五所，分別屬各個差會，如美以美會（又名衛理公會）、內地會、安息日會、聖公會、長老會、貴格會、倫敦會、還有兄弟會、姊妹會、小群家會處等。附設了各類學校十所以及醫院三座，具體情況詳如下列圖表：

56　劉淑榮：《基督教在九江的傳播及其創辦的學校醫院》，見《九江文史資料》第 1 輯，第 217 頁。

・九江教會所辦學校醫院一覽表

名稱	建立年份	地址	創辦者	備註
同文書院	1867	南門湖畔	衛理公會傳教士庫斯非和翟雅各	1906 年更名南偉烈大學、1917 年更名同文中學
女子學校	1872	柴桑路紅十字會內	美國傳教士胡遵禮	後更名為諾立女書院、諾立神道學校。
桑林書院	1888	南門湖畔	美國傳教士李惶梯、昊格矩	1898 年更名倘勵女並中附設小學
輔仁中學	不詳	庚亮南路	聖公會創辦	附設小學
同文小學	不詳	塔嶺南路	胡文連任校長	更名為第四小學
翹志小學	1908	大中路 519 號基督教化善堂	衛理公會美國傳教士昊格矩	原名化善日學，1912 年改為翹志小學。1952 併入九江市第一小學
翹材小學	1908	衛理公會後街福音堂內	衛理公會美國傳教士昊格矩	原名福音堂小學，民國初更名翹材小學1952 年併入九江市第三小學
翹秀小學	1908	二馬路南端	衛理公會美國傳教士昊格矩	1951 年更名九江市濱興小學

翹德小學	1910	考棚路	衛理公會婦女服務部梅云英	原名女日校，1928 年更名為翹德小學，1951 年改稱龍山小學
生命活水醫院	1918	南門湖畔塔嶺南路	美國基督徒裴敬思	現九江第一人民醫院
但福德醫院	1896	大中路	吳鉅格、石美玉	現九江婦幼保健醫院
聖約翰醫院	不詳	塔嶺北路	聖公會創辦	現 171 醫院

資料來源：根據劉淑榮《基督教在九江的傳播及其創辦的學校醫院》，黃真：《九江教會辦的「四翹」小學》等資料整理，並見《九江文史資料》第一輯、第六輯。

由於洋行、教會等外國勢力紛紛介入九江，使九江的城市結構發生了比較大的變化。其外國勢力在九江的分布情況詳見「進駐九江之外國勢力分布圖」：

還值得一提的是：九江是江西省的北大門，在教士們的心目中，九江既是他們活動的重要據點之一，也是他們向江西及其鄰近省份腹地推進的一個理想的跳板。一批批外國傳教士來到九江，向九江英領事館領取護照，然後轉入各地「遊歷」。到二十世紀初期，這種「遊歷教士」日漸增多。一九〇三年的有關資料表明，這一年領照內游的教士達四十一人，其中女教士三十二人，還有兩人帶了家眷，護照上載明了他們將要活動的地域範圍。詳情如下表：

·1903年持照外國傳教士經九江遊歷情況表

發照日期	領照人		遊歷地區
	姓名	性別	
1903.1.9	岱約翰	男	江西安徽、浙江、湖北、湖南、廣東
1903.1.11	康淑貞等3人	女	江西
1903.1.15	梅占春	男	江西、湖北、湖南、山東
1903.1.19	蔣朋使	男	江西、湖北
1903.1.20	茅貴琳	女	江西、浙江、山東
1903.2.8	李思忠	男	江西、浙江、廣東
1903.3.2	榮晃熙	男	江西、湖南、湖北、廣東、浙江、安徽
1903.3.7	鮑哲俊（攜眷）	男	江西湖南、山東
1903.3.7	戴月娥	女	江西安徽、江蘇浙江
1903.3.16	柳清芬等2人	女	江西湖北、湖南
1903.3.20	莫若貞	女	江西安徽、湖北、湖南
1903.3.20	和保恩	男	江西湖南
1903.4.19、23	耿希忠等16人	女	江西、安徽、江蘇、浙江
1903.7.13	王邇貌（攜眷）	男	江西安徽、湖南、湖北
1903.8.24	越美玉	女	江西、安徽、浙江
1903.9.1	金懿恩	女	江西安徽、浙江、江蘇
1903.9.27	馬葆貞等5人	4女1男	江西、安徽、浙江、江蘇
1903.11.24	施恩澤等2人	女	江西、湖南、湖北、山東

資料來源：《九江道瑞咨派辦處洋商請領遊歷執照按年發銷叉》，《江西官報》甲辰年（1904年）第10期。

　　傳教士們一方面執行其宗教的職務，另一方面則從事了許多非宗教性的活動，尤其是文教和醫療衛生等活動。九江相繼出現基督教會等所組織的學會、醫藥及慈善機構。教會學校的開辦，對於開啟民智，發展現代教育，灌輸西方科學知識，介紹學術思想等等都有一定的促進作用，甚至出現九江「獨教會所設學校大發達」局面；[57]醫療衛生事業，輸入了西方的醫術和西藥以及近代的醫院制度，醫學教育（包括護理教育），推廣衛生常識，同時也造就了九江最初的一批西醫、教育人才。據當事人回憶「目前九江市六十歲以上的女醫生、護士、教師大部分都是諾立神道女校的校友。」[58]這種現象不僅在九江存在，就是在當時的中國亦普遍存在，二十世紀以後中國承認：「中國新醫學的來源，顯而易見是教會醫學，這是沒有人能夠否認的⋯⋯教會醫學校或醫院造就出來的醫師，大都為教會服務，被教會用為宣傳教義的工具，由此教義由宣傳愈廣，教會醫學傳播亦愈普遍了。」[59]

　　但是也應該看到，近代基督教傳入中國是在《天津條約》和《北京條約》等一系列由西方列強迫訂的不平等條約保護下進行

57　《潯陽小志》，見《申報》，1914年4月8日。

58　劉淑榮：《基督教在九江的傳播及其創辦的學校醫院》，見《九江文史資料》第1輯，第219頁。

59　翁之龍：《中國的新醫學》，載《文化建設》第一卷，第2期。

的，它本身的活動也與西方殖民主義侵華擴張活動緊密結合在一起。這使得中國人民因民族矛盾而排教，也使教會無法依靠宗教本身的力量與中國人進行心靈上的溝通。同時，近代來華的傳教士又多半挾有戰爭打出來的民族優勢，在十九世紀盛行於西方的所謂「進步」觀念的支配下，他們對中國文化知之甚少，甚至覺得無須尊重中國文化。傳教士們站在西方文化本位上，向中國傳播教義，但總是希望接受了教義的中國人與他們一樣西方化。這種傾向，亦隨著傳教士們和九江民眾直接廣泛接觸，引起的文化衝突亦從未間斷。

第三節 ▶ 江西貿易中心地位的形成

九江開埠通商，首先對九江的影響最為深遠，其近代角色也隨之發生轉換，從江西經濟的邊緣而一躍成為江西的貿易中心城市。

一　商路變遷與貨流的逆轉

江西傳統的商路是以贛江——鄱陽湖為主徑，以信江、饒河、修河、撫河四大水係為支脈而組成的一個葉絡狀水運網絡而構成的。其省際貿易亦十分頻繁。由傳統四鎮為中心，依託江西發達的水運網絡體系，而形成了若干條重要的商路。（詳見明清江西物產出口路線圖）大體情況概述如下：

一、廣東——大庾嶺——贛州——樟樹——吳城——漢口：

這條商道在鴉片戰爭以前曾是國內長距離貿易的的黃金商道，也是江西省際貿易的主要渠道。其中贛州、樟樹、吳城三地構成江西貨流的主要出入口和集散中心。吳城又是贛江入鄱陽湖的咽喉，贛江流域各種農副產品及由大庾嶺商路輸入的洋廣雜貨北出長江，轉銷江漢皖豫諸省也要經過吳城轉口換大船出江。有「裝不完的吳城，卸不完的漢口」之盛譽。

五口通商前，在這條商道上外運的主要是贛貨有米穀、瓷器、茶、夏布、紙、麻、木材、水產、豆類等江西特產；運入的主要貨物是鹽、糖、棉紗、海產品等商貨。[60]以瓷器為例：獨口通商時期，景德鎮外銷的瓷器，溯贛江而上，跨梅嶺以入廣州。「商多粵人，販去與西人互市。」[61]由於外國人所需之瓷器，「式多奇巧，歲無定樣」，商人們為投其所好，則在景德鎮燒造白瓷，「另雇工匠，依照西洋畫法加彩繪」，「製成彩瓷，然後售之西商」。[62]這從一個側面反映此商路之盛。

二、吳城──鄱陽湖──鄱江──信江──河口鎮──玉山碼頭──常山碼頭──衢江──富春江──杭州：這條商路是以信江為紐帶，以玉山、河口鎮為集散碼頭，是溝通福建、浙江與廣州聯繫的重要水運線。在五口通商以前，該商路極為發達，江浙一帶的生絲棉產品均由該條商道進入江西，或於江西內地行

---

60 參見《江西貿易概況》，1938 年江西省政府建設廳編印。

61 蘭浦：《景德鎮陶錄》，卷二六。

62 劉子芬：《竹林陶說》，引自陳柏堅、黃啟臣著《廣州外貿史》（上），廣州出版社 1995 年版，第 319 頁。

銷，或溯贛江而上入贛關轉大庾嶺商道而下廣州出口。玉山有從事玉常大道轉載業的驛馬七千餘匹、獨輪土車兩萬餘輛、挑夫五千餘人，常年在這條商道上轉運貨物，每天運貨萬擔以上，每天靠岸大小船隻兩百多艘。明清時期運往浙中的貨物主要是瓷器、夏布、煙絲、煙葉、茶葉等；運入的貨物主要有食鹽、絲綢、棉紡織品及日用品。[63]由於這些省份通過江西水路的過境物資的運輸量占有很大的比重，據史籍記載，此時期通過信江、贛江兩條運道航運為生的省內外挑夫、客店、小販再加船民，「以此為生者，不下數千萬人」。[64]

三、贛縣——貢水——綿水——瑞金——隘嶺——汀州——汀江——韓江——漳州——潮汕：這是以萬安十八灘以南的贛南區域的省際商路。這條商道是贛南地區連接潮汕、廈漳泉地區的重要商道，也是由贛關商品流通派生出的一條商道，汀州是主要的中繼集散地。據史料記載：這條商路外運的貨物有石城、寧都、瑞金、會昌等縣的農產品如稻米、大豆、煙葉、夏布，另外有吉安的布匹，樟樹的藥材，景德鎮的瓷器也由上路運往福建長汀、廣東潮汕；運入的貨物有來自福建的紙品、果品，最主要的是來自閩、粵的鹽。汀州「山多田少，產谷不敷民食，江右人肩挑背負以米易鹽，汀民賴以接濟」。[65]與這條商道相伴的線路是贛縣——貢水——會昌——筠門嶺——平遠——下壩——羅

---

63 參見《玉山縣誌》，江西人民出版社 1985 年版。

64 黃贊湯：《請預防失業民夫疏》。

65 卞寶弟：《閩嶠輶軒錄》卷二。

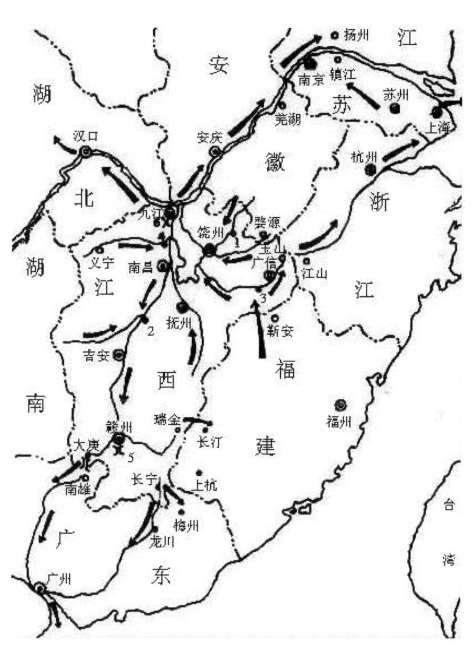

・明清時期江西主要商路圖

註：1. 景德鎮，2. 樟樹鎮，3. 河口鎮，4. 吳城鎮，5. 贛州關，6. 九江關

塘——新鋪——嘉應——潮洲，其交易物資與上一條商路基本相同，主要體現的是米、鹽交易，會昌縣南部的筠門嶺是集散碼頭。雍正年間「廣東之米取給於廣西、江西湖廣」。[66]雍正五年（1727年）「潮州米貴，每日千餘人，在筠門嶺及周田圩搬運。」在這條商路上有兩百多條船隻，三百至四百挑夫。[67]

四、吳城——鄱陽湖——鄱江——鄱陽——昌江——浮梁——徽州（祁門、至德、休寧、黟縣）：這條商道是徽州地區兩條重要出入商道之一，祁門等地的茶、紙、竹木、漆，浮梁縣的景德鎮瓷器、茶葉等貨物以此路運出；運入的貨物主要是大米。史料記載：徽州「農者十三，……即豐年谷不能三之一。大抵東人負祁水入鄱，民以茗、漆、紙、木行江西，仰其米自給」。[68]大體說明江西與皖南徽州地區的貿易情況，鄱陽是這條路線的重要集散地。[69]

五、吳城——贛江——樟樹——袁江——萍鄉——醴陵——株洲——湘江：這條商道是湘贛貿易的主要通道，主要靠袁江和湘江相連，萍鄉是重要的集散地。從這條商路運出的貨物主要有煤炭、宣表紙、夏布、土瓷、苧麻、牛皮；運入的貨物主要有米穀、黃豆、藥材、糖、綢緞、土布，以及銷往萬載的石硝、硫

---

66 《雍正批硃諭旨》，雍正四年七月二十四日。

67 丁曉春：《家族與商鎮——以筠門嶺為個案》，江西師大1997年碩士論文（未刊稿）。

68 《祁門縣志》卷五，《風俗》。

69 參見《江西米穀運銷調查報告》第2章《米穀市場概況・鄱陽》、《中國十大商幫・徽州商幫》，黃山書社1993年版。

黃，這些貨物中紡織品來自上海、杭州、漢口，經湖南轉運而來，其他物品均產自湖南，相互貿易中原材料貿易是這條商道的特徵，輸入遠高於輸出。[70]

六、南昌 —— 撫河 —— 李家渡 —— 滸灣 —— 新城（今黎川）—— 福建（邵武、建寧）：這條商道運入的貨物主要是海產品、食鹽；運出的貨物是紙、水煙、煙葉、米糧。黎川南津街經營這類貨物的商戶「視之甚小，而舊日皆年有數十萬進出者」；「從前閩贛土貨交易多以黎川為中心，故大商甚多，富力甚厚」。[71]

以上貨運較為集中的六條省際貿易路線，連接三個經濟區域，即萬安十八灘以北連接漢口、滬杭地區，萬安以南連接福建的廈漳泉地區、廣東的潮汕地區，江西的物產通過這些路線加入全國市場流通網。就江西自身而言，在地域上可以分成兩個基本經濟區域，萬安以北處於長江經濟區的邊緣，萬安以南處於以華南沿海為中心的華南經濟區域的邊緣，這兩個基本經濟區域都具有明顯的區域分工的特點和作用。

就貿易量而論，以信江和贛江為主體的商路最為重要。以此形成三個商品流通層面：其一是以河口為集散中心的浙贛閩交易

70 劉家豪：《贛湘貿易調查報告》，載《經濟旬刊》第 7 卷，第 1 期；《野田氏袁江流域調查報告》，載《地學雜誌》第 6 年第 2 期。
71 李璜：《江西紀游》1934 年 11 月成書，台灣文海出版社，「近代中國史料叢刊」第 8 輯第 79 冊第 43 頁；《江西釐捐總局完釐簡單》，載《東方雜誌》第 4 卷（1907 年）第 3 期《財政・各省財政匯志》。

線。信江是溝通的紐帶，尤其是浙江的生絲、福建的茶葉必須借道信江而入贛江出大庾嶺而下廣州出口，因而河口鎮的集散作用十分明顯。其二是吳城出入江西與湖北漢口的商路，贛江則擔負著廣東洋貨入長江進入鄂、皖、湘、豫、山陝的輸出以及鄂、皖、湘、豫、山陝的貨物南下廣東的輸入，吳城為集散中心；其三是贛江為經的江西內河主運道，其起點為贛關，中經樟樹，北出吳城。而這條商路以樟樹為中心，負擔江西地區的分銷，吳為極點，擔負起外銷的任務。而贛州關，由於在獨口通商的政策影響，外貿進出口貨物均要以此集散。因而商賈輻輳，「或糅戢之出入，或錢貝之紛馳，從朝至暮攘攘熙熙」。[72]往來貿易亦十分繁榮。

第一次鴉片戰爭以後，清政府被迫開放連原有廣州在內的廈門、上海、寧波和福州等五個口岸對外通商。從一口通商，到五口開放，這不僅僅是數量上的變化，而且在本質上，促使中國傳統的貿易商路發生根本性的變化。自此十餘年間，中外貿易格局發生一個明顯的變化，即中國對外貿易的中心很快由廣州轉向上海。中國傳統的貿易商路從運河而下，進入長江，再由鄱陽湖入贛江而逾梅嶺而入廣東至廣州的「京廣大水道」逐漸衰落。南北縱向貿易路線開始轉向以上海為中心的長江流域為主體的東西橫向路線。

與此相適應的是，江西的過境貿易亦開始逐漸衰落。以前

---

72 乾隆《贛州府志》卷十六，濂溪書院賦。

江、浙、皖等省進出口貨物多經贛江走大庾嶺赴粵，「由南昌至廣州計程二千餘里，中隔大庾縣之梅嶺極其高峻，山路陡險」，[73]全憑人力挑扛搬運。但至上海開埠，原先南下走大庾嶺的商貨紛紛改道經贛江趨九江轉上海。「洋貨廣貨亦由輪船運入長江，不復經由贛郡。」[74]「商賈戀遷趨利乘便，孰肯捨近圖遠再出廣東，以致贛關絕無大宗貨物經過，所收稅課均屬小販零星，縱使竭力招徠，總不能照前暢旺，實為時勢使然，莫能強求。」[75]以往「商賈如雲，貨物如雨，萬足踐履，冬無寒土」[76]的大庾嶺商道頓顯冷落。贛關關稅「僅賴本省所產杉木、白糖、茶油等項以及零星土產」。[77]

隨著貨運流向的變化，江西境內主要的進出貨物運輸線路，雖仍走贛江水系，但已形成了以九江為中樞的贛州──吉安──樟樹──南昌──吳城──湖口──九江的基本構架。[78]至一九一六年，南潯鐵路告成，南昌成為內銷之貨的中心點，而九江為進出口總匯的格局。這一點，傅春官在《江西商務說略》中說得很明確：[79]

73 《江西巡撫錢寶琮奏》，見《鴉片戰爭檔案史料》第三冊，第 103 頁。

74 《鈔檔》光緒十年九月初二日，江西巡撫潘尉題本。

75 劉坤一：《贛關短征四年分盈餘銀兩邀懇援案減免摺》（同治五年十月二十八日），《劉坤一遺集·奏疏》卷三，第 38 頁。

76 桑悅：《重修嶺路記》，同治《南安府志》卷二十一，《藝文》。

77 同74。

78 戴鞍鋼：《港口城市腹地──上海與長江流域經濟關係的歷史考察》，復旦大學出版社 1998 年版，第 192 頁。

79 傅春官：《江西商務說略》，《江西官報》，丙午年（1906 年）第

昔之所謂樟樹、吳城最盛之埠，其商業十減八九，蓋自天津條約立，長江輪船通行，洋貨之由粵入江，由江復出口者，悉由上海徑運內地，而江西商人之往來漢口金陵，不過本地土產，為數無多，輸出輸入之貨減，故商埠寥落之形見。

同樣，傳統社會以進出口貿易主體的贛關亦隨之衰落。由於過往貨物銳減而導致稅收短絀，以致當時贛撫亦不得不對贛關關稅銳減作出詳細說明：[80]

據張道孝榮稟稱，贛關貨稅，向以絲茶為大宗。自各口通商以後，凡洋、廣、川、楚、閩、浙、蘇、皖往來營運之貨，商人利於便捷，皆用輪船裝載，不從贛關經過，湖絲則歸滬關代收，茶葉則分釐無收，遂因之驟絀矣。然光緒二十六年以前之不聞賠累者，初則因滬關代徵絲稅，收數較旺，繼則因贛屬釐金土藥膏捐，均歸關道經理，堪以把彼注茲。近年釐金土藥，均已派員專辦，滬關絲稅，又因洋商收買乾繭年短一年。外省之客稅既無，而本省及廣東之土貨，亦多被郵政包裹、子口單、三聯單、保商票侵占過半。

二十七期。

80　《撫院胡請免贛關賠貼摺》，見《江西官報》丙午年（1906 年）第 7期，《奏牘》。

上述史料所反映的情況均充分說明江西傳統商路的變遷，貨流由贛關流通而轉為由九江輸出的客觀事實。

二　傳統市鎮的衰落與九江貿易中心的形成

隨著商路的變遷和全國商品流通格局的變化，直接的影響是江西傳統貿易市鎮出現了衰落的局面。昔日繁華的河口由於茶市出口路線的轉變而呈衰落之勢：「查鉛山地物產庶蕃，人心明敏。海禁之會，茶商紙販，麕集於斯。小民餬口非艱，謀生甚易，閭閻之殷富以此，習俗之浮惰亦以此。至今日茶市一蹶不振，紙業日見衰微。……竊謂河口一埠……今家無尺布之機，女無寸絲之縷，煙賭竊盜，遊民遍壤，窮惰之害可勝言哉。」[81]又比如樟樹鎮和吳城鎮，「昔時，江輪未興，凡本省及汴鄂各省，販買洋貨者，均仰給廣東，其輸出輸入之道，多取徑江西，故內銷之貨以樟樹為中心點，外銷之貨以吳城為極點。自江輪通行，洋貨由粵入江，由江復出口者，悉由上海徑運內地，江省輸出輸入之貨減，樟樹、吳城最盛之埠，商業亦十減八九。」[82]另一條材料亦很能說明問題：「在昔修、繚二水流域商品之運輸，直徑吳城出口……咸豐以後，海輪盛行，民船運輸多被放棄，外省來吳城之貨物，日見減少……以糧食一項而言，當南潯鐵路未通車

81　《擬辦鵝湖織布公司條議》，見《江西官報》甲辰年（1904 年）第 17 期，《函告》。

82　傅春官：《農工商礦紀略》，《清江縣・商務》。

前,贛江、撫河、修水產品,大都必經吳城轉運出口,通車後,贛江、撫河之糧食,南昌起而代之;修水流域之糧食,涂家埠起而代之,於是吳城糧食市場慘落矣。」[83]這均是傳統商路變遷與江西市鎮衰落的例證。

與此形成鮮明對照的是,開埠之後,九江作為江西唯一的對外開放口岸,成為旗昌、怡和、太古等外國洋行、公司的輪船在江西境內唯一的停靠之處,承擔著江西進出口貨物的吐納功能。在此之前,從廣州運入之洋貨及江西運往廣州的土貨都以樟樹、吳城為集散地,樟樹、吳城為全省貿易的樞紐。在此之後,從海外運往江西的洋貨均自九江上岸,從江西運往海外的土產也從九江出口。因而九江取代了樟樹、吳城的地位,從傳統社會的江西經濟的邊緣而一躍成為江西的貿易中心城市,所謂「扼滬漢交通之咽喉,輪船接跡,鐵軌交馳,贛省商業集中於此。森林礦產,靡不以此埠為轉運薈積製造之所」;[84]「本省一切輸出物產,莫不以此為輸運樞紐」。[85]九江成了江西土洋各貨的銷售場地,從而逐步發展成全省最繁榮的城市。

開埠通商以後,九江進出口貿易有了很大的發展。由於缺乏系統的貿易統計資料,很難從總體上對九江進出口貿易有一個精確的描述。但是,我們通過一些零星的貿易統計資料亦可窺出其

---

[83] 農藝部農業經濟組編制:《江西米穀運銷調查報告》,第 8-9 頁,1937 年編印。

[84] 中央地學社編:《中華民國省區全志》第五編,第四卷,《江西省志》。

[85] 《工商通訊》(1937 年)第一卷,第 13 期。

中的一些大概。從進口方面而言，九江商埠在洋行紛紛湧入的同時，進口貨值亦隨之增加。具體情況詳如下表：

·1865 -1894 年九江港洋貨淨進口貨值表

年份	洋貨淨進口	年份	洋貨淨進口	年份	洋貨淨進口
1865	2625535	1875	2758420	1885	2528474
1866	2678459	1876	2724676	1886	3026252
1867	2636381	1877	2505355	1887	3329937
1868	2869545	1878	2514302	1888	3619936
1869	2655606	1879	2675778	1889	3880037
1870	2844028	1880	2954286	1890	4183871
1871	2567449	1881	2829398	1891	4540524
1872	2723901	1882	2623118	1892	4755579
1873	2797841	1883	2250804	1893	4073202
1874	3209916	1884	2078805	1894	4296233

資料來源：姚賢鎬：《中國近代對外貿易史資料》第 3 冊第 1626 頁。另壓：單位：1873 年以前為銀兩以後為海關兩。

從上述表格可知，在一八六五年的開埠初期為洋貨淨進口為 2625535 兩，至一八九四年上升為 4296233 海關兩。最高年份的一八九二年更達 4755579 海關兩。在長江各開埠通商口岸中排在第三位。當然，洋貨淨進口數僅是指直接從外國進口的貨值，並不包括經由上海、漢口等其他口岸轉口進口的商品。實際上轉口進口貨值較之淨進口貨值要大得多。

就出口方面而論，亦有長足的進步，各項貨物出口總量累年

增長。其具體情況詳如下表：

・1863-1899 年九江大宗出口貨物數量表　　　　　　　　　　單位：擔

年份	輸出合計	年份	輸出合計	年份	輸出合計
1863	376189	1876	373362	1889	511989
1864	307101	1877	389321	1890	483936
1865	310257	1878	438309	1891	499986
1866	279735	1979	410874	1892	489957
1867	219467	1880	481440	1893	517830
1868	293929	1881	466568	1894	504273
1869	268000	1882	513749	1895	545930
1870	253292	1883	478914	1896	592522
1871	269441	1884	489552	1897	565414
1872	280406	1885	537901	1898	783751
1873	291801	1886	540503	1899	879378
1874	331812	1887	461781		
1875	343664	1888	517488		

資料來源：據民國 22 年（1933 年）正西《經濟旬刊》第 2 卷和民國 23 年《正西年鑑》第 25 編等相關資料綜合整理。

　　從表中提供的數據，我們可以看出：九江開埠最初十七年中，貨物出口數量每年都維持在三十萬到四十萬擔左右，比較穩定。進入十九世紀八、九十年代，九江出口貨物由七〇年代的四十萬擔，增加到五十萬到六十萬擔。最高年份的一八九九年更達到八十七點九萬擔。

到二十世紀二、三十年代，由於九江成為江西進出口貿易的主要孔道，其經濟已粗具規模，據一九三四年十二月二十七日《申報》記載：

　　　　米穀、瓷器、茶葉、夏布、紙、竹木、鎢以及植物油等，均有大宗出口，價值動輒百萬，悉皆由此轉入長江各口，行銷國內外。九江各大碼頭及貨棧，悉皆堆貨壘壘，轉運棧、報關行、押款錢莊，以及各種行棧莊客，林立櫛比，較之南昌，有過之而無不及。

　　總之，九江開埠通商以前，受內向型社會生產、流通結構的制約，它雖擁有明顯的地理優勢，但與江西內腹地區缺乏直接的經濟交往。江西內腹地區的貨物集散以「四鎮」為中心；而且受廣州一口通商禁令的束縛，江西內腹地區的進出口貨物流向是以贛關為集散，通過大庾嶺道而趨廣州，贛關成為進出的主要孔道。五口通商以後，全國對外貿易中心由廣州而趨上海，以其量大面廣的內外貿易商品吐納，直接帶動了覆蓋整個長江流域市場網絡的組合。九江開埠以後，成為江西的貿易中心，並成為以上海、漢口為中心的長江流域市場網絡組合的中介口岸。從前由贛關經大庾嶺道而下廣州的物流大多改由九江經長江水運而趨上海。同時，隨著九江開埠，租界、洋行和西方文化的楔入，以及隨之而來的江西貿易中心城市的形成，使九江成為江西直接面對世界的窗口，近代的一切事物，開始緩慢地進入九江，並通過九江而傳入江西內腹地區。

第三章——

太平天國在江西

太平天國時期，江西是太平軍與清軍力量激烈交戰的重要地區。太平軍自一八五三年二月從武漢沿長江東下，占領九江、湖口、彭澤始，至一八六五年十一月康王汪海洋、佑王李遠繼的部隊最後自贛南退入廣東為止，在十多年時間中，轉戰江西各地，多次進出江西，在起義高潮時曾占領過江西的八府五十餘縣。太平天國時期的戰火硝煙席捲了江西的大片土地，對晚清江西有著重要影響。

第一節 ▶ 太平軍轉戰江西

鴉片戰爭以後，外國資本主義勢力入侵中國，中國人民特別是廣大的農民群眾受到更加沉重的剝削和壓榨。中華民族與外來侵略勢力的矛盾、廣大農民與清朝封建統治階級的矛盾空前尖銳起來，終於在一八五一年爆發了一場全國規模的太平天國農民起義。洪秀全領導的金田起義於一八五一年一月十一日（道光三十年十二月初十日）爆發後，太平軍迅速擊潰了清軍和地主團練的圍攻阻截，兵出廣西，所向披靡，一舉攻取岳州、武昌後，接著太平軍大軍水陸並進，蔽江東下，逼近九江。太平軍逼近九江時，九江只有兩千守軍，當得知武穴慘敗和兩江總督陸建瀛狼狽而逃的消息時，九江「文武棄城遠避，兵勇聞風先散」。[1]於是，

1　《向榮奏稿》卷一，見《太平天國》叢刊（七），神州國光社 1954 年版，第 37 頁。

翼王石達開率領的先鋒隊伍不費一槍一彈，於一八五三年二月十八日占領鄂、贛、皖三省門戶之九江。清廷將江西巡撫張蒂革職留任，九江知府劉熾昌革職。太平軍在攻取九江後，接著攻克安慶，於一八五三年三月十九日（咸豐三年二月初十日）占領南京城，遂改南京（清朝稱江寧）為天京，定為太平天國首都，建立了太平天國農民政權。

·湖口大捷

一　太平軍西征

　　一八五三年三月，太平天國定都天京以後，為了推翻清王朝，奪取全國勝利，即派出軍隊北伐。與此同時，也作出西征的決策，目的為奪取長江中上游各省，以鞏固天京。江西地處長江中游，西通湖南，東連閩浙，南接廣東，北界鄂皖，為東南各省

之中樞。如果占有江西，則東南各省便可連成一片。江西的重要戰略地位，使其成為太平軍和清軍雙方必爭之地，因而也就成為西征主戰場之一。

太平軍西征江西的主要目標，是占領江西省城南昌以控制江西全省。為了實現攻取安慶、南昌、武昌等地的西征第一步戰略計劃，太平天國於一八五三年五月十九日派出護天侯春官正丞相胡以晃、夏官副丞相賴漢英、殿左一檢點曾天養、殿右八指揮林啟榮、十二指揮白暉懷等率軍西征。千帆競發，溯江西上，長驅直入，直指安徽。六月十日，太平軍占領安慶，西征軍主帥胡以晃立大本營於此。主將賴漢英率領曾天養、林啟榮、白暉懷等部近萬人乘船繼續西上，挺進江西。六月十三日占彭澤，十八日克湖口，二十二日進占南康府（今星子縣），二十三日占新建縣吳城鎮等地，直逼省城南昌。

二 南昌攻堅戰

當西征大軍六月十八日占湖口時，江西的大大小小清朝官員驚慌失措，南昌城一片混亂。「省城自候補州縣至佐雜等官，先行逃走外縣。」[2]駐守在永和門外「軍裝器械」整齊的九百官團練勇，由於「訛傳寇至」而倉皇潰散，「器械胥歸烏有」。[3]江西巡撫張芾會同在籍團練大臣、前刑部尚書陳孚恩、南昌知府鄧仁

2 　《太平天國資料》第 59 頁。
3 　《太平天國史料叢編簡輯》（二），中華書局 1962 年版，第 391 頁。

堃、南昌候補知府林福祥等急商對策，決定急調率軍前往江南大營途經九江的湖北按察使江忠源來南昌協防。江忠源接到張芾等人的「羽檄」後，不待清廷之命，即率楚勇一千三百多名三晝夜疾馳四百里，比太平軍早一天，於六月二十三日到達南昌。江忠源是個有著豐富的作戰經驗的老將，他一到南昌，張、陳等「悉以軍事委之」，[4]協力佈置城防。江忠源「甫坐定」，即下令封閉城門，焚燬城外附城民房，意在「勿令賊據為巢，得籍以乘城，蹈桂林、長沙覆轍也」。[5]當時南昌城內外，「火光燭天，剝剝烈烈，怨聲沸耳」。[6]連百里以外的豐城都可見到大火（滕王閣即於此時被燒燬）。接著，又重新調整城防部署，在當時南昌的七個城門，分別增派重兵把守，並將楚勇布防在首當其衝的德勝門和章江門。為穩定軍心，又將怯戰縋城逃跑的兵勇立斬不赦。當時，城中主客兵及新募壯勇全部不及萬人。張芾惟恐兵單力薄，難於抵禦，又上奏朝廷請求派兵速援，省內外的援兵也開始從四面八方陸續聚集南昌。

六月二十四日清晨，太平軍分乘大小船隻八百餘艘，沿贛江浩浩蕩蕩趕到南昌城下，在德勝門、章江門外沿河一帶靠岸。此時城外大火尚未熄滅。太平軍士兵紛紛上岸救火，並占領了章江門外文孝廟一帶未盡焚燬之屋宇，實施攻擊。太平軍由於附城民

---

4 同治《南昌府志》卷十八，《武備·兵事》。

5 民國《南昌縣志》卷五十四，《兵革》。

6 彭旭：《江西守城日記》，引自杜德風編《太平軍在江西史料》，江西人民出版社 1988 年版，第 510 頁。

房幾盡毀，無掩護，大部兵將仍居船上，但憑藉文孝廟三面築壘，以翼蔽江中舟師。又在城東七里街一帶和城西潮王洲各洲上建築營壘，並在各洲間架設浮橋連通，沿江停泊了幾百艘戰船，對南昌城形成了包圍之勢。自翌日起，太平軍實行環攻，守城軍以大砲轟之。

六月二十六日，江忠源派百長李光寬等率楚勇四百餘人出城作戰，自己與糧道鄧仁堃、知府耆齡、林福祥等分路向太平軍陣地出擊，太平軍佯為退卻，李光寬窮追不捨，當追到太平軍設下的伏擊圈時，當即被伏兵擊斃。太平軍主動撤出戰鬥後，清軍的殘兵敗將才狼狽逃回城裡。清軍不甘失敗，幾次派人「往燒文孝廟，堅固未能入，且多傷者」。[7] 這時，來自饒州、九江等地的援軍一、二千人趕到，守城兵力得到加強。

七月六日，江忠源又派兵分兩路從順化門出城，由楚勇居後，江忠源親自上城督陣，企圖夾擊城東太平軍營壘。太平軍繞著營壘主動轉移，待敵攻來時，突然發動猛攻，「保信軍潰，陣亡三十八名，抬槍盡棄以齎賊，經川、楚各勇分路堵截，始退」。[8] 不過，停泊在章江門下的太平軍戰船，在守城軍的火攻下，被焚燬多艘。

為了達到破城目的，太平軍自六月二十四日抵達之後，下午即開始施用太平軍攻城熟練方法──掘地道、埋地雷。儘管清軍

7　《太平天國史料叢編簡輯》（二），第 393 頁。
8　同①。

多方破壞，太平軍地道挖掘成功、火藥迸發、先後三次頻於破城。六月二十九日夜，德勝門月城地雷爆發，轟塌城垣數丈，「登時堵築，火炮齊施，賊不敢逼」。[9]由於賴漢英誤記有第二雷，沒有及時組織奪城，因而喪失了此次破城機會。七月九日清晨，大雨傾盆，太平軍從德勝門外用地雷轟塌城牆六丈餘，然後趁勢奪城。江忠源督領幾百楚勇抵禦，同時趕緊用沙袋和房磚堵塞缺口，搶修城牆，並將各路援軍聚集起來加強抵抗力。經過激戰，太平軍稍作退卻後，復又援雲梯登城，因傷亡較大，乃退出戰鬥。此次清軍亦傷亡七十餘人。這時，天京派出國宗石祥楨、韋俊等率領的軍隊前來南昌增援。七月二十八日清晨，太平軍又從德勝門原缺口西北和西南轟塌城牆十五丈，頓時「沙石蔽空」，守城的清軍官兵一百多人陷在泥土中，「川勇、貴勇轟落不知處所者幾半。」[10]太平軍趁勢「擁至城下，人戴一盆爭先上」，「蒙死抗戰，矢石交集」。由於敵人援兵大集，「併力死拒」，太平軍「死者山積」。[11]由於傷亡太大，太平軍又主動撤出戰鬥。這場激烈悲壯的奪城戰，太平軍雖損失慘重，但也使清軍付出了極大代價，單楚勇就死傷兩百多人，使它再也無法恢復元氣。

　　江忠源與太平軍接仗多次，深悉太平軍攻城威力，憂慮南昌

9　同治《新建縣志》卷六五，《兵氛》。
10　同治《新建縣志》卷六五，《兵氛》。
11　民國《南昌縣志》卷五四，《兵革》。

難守，於是懇請向榮、駱秉章、曾國藩（時正在籍訓練湘勇）等派兵來援。駱、曾深知湘贛兩省唇齒相依，南昌有失，長沙即受威脅，即遣湘鄉知縣朱孫詒、訓導羅澤南率湘勇一千人自長沙出發，編修郭嵩燾從征，道員夏廷樾率鎮篁兵六百繼之，又遣江忠淑率楚勇兩千人經瀏陽出發，全軍總領為夏廷樾。是為湘軍首次出省作戰。接著，都司戴文瀾、贛州鎮總兵阿隆阿和九江鎮總兵馬濟美所率兵勇也陸續到達。

在幾次地雷轟塌城牆而沒有破城的情況下，賴漢英與前來增援的石祥楨商量，認為仰攻堅城，兵家所忌，勢難立刻見效，不如先攻城外的清軍兵營。七月三十日，太平軍出動大批人馬對永和門外九江營發動攻勢，清軍對突如其來的進攻不知所措，「欲立奇功」的馬濟美「經率所部斫壘而入，困賊圍」，[12]戰不多久，「中數矛，猶力戰，後一矛刺洞胸，始落馬陣亡」。[13]其子馬炳南亦同時被擊斃。擊斃清總兵馬濟美，太平軍士氣大振。

這時，清軍援兵陸續開到。八月中旬，從江南大營派來的援軍一千兩百多人由總兵德音布率領到達南昌，守城兵力大大增強。但是太平軍在清軍的優勢兵力面前，仍沒有放棄攻城戰鬥。八月二十八日，江忠源命「湘勇、鎮篁兵、川貴勇、雲南、九江兵」分兵四路再次大舉向太平軍營壘發動猛攻。湘軍主將羅澤南素以悍勇著名，親督湘勇奮勇征戰。「太平軍佯敗退，引其追

---

12 《太平天國資料彙編》第二冊上，第127頁。
13 《太平天國史料叢編簡輯》（二），第63頁。

擊，從後包抄，遂大敗之，陣斬其營官七品軍功、易良幹、羅信南、羅鎮南等，皆澤南門人及弟輩也。滇軍亦敗北，湘軍陣亡者數十人。」[14]在這次激烈的攻殺戰中，雖然彼此死傷相當，互有勝負，但太平軍畢竟守住了陣地，並擊斃了幾名湘勇重要頭目，這對還在襁褓中的湘軍來說，不能不說是一記重擊。

八月底至九月中旬，太平軍與清軍雙方互相仍不斷有攻擊戰。清軍既不能解南昌之圍，太平軍也久攻南昌不下。在這種情況下，東王楊秀清決定集中兵力西征皖北和湖北，便下令撤圍南昌。九月二十四日，圍城部隊全部循來路回師北上。臨行前，太平軍為了迷惑清軍，兵營中仍布滿疑兵，依然點燈擂鼓。清軍始未發覺，後遠望營中泛有炊煙，派人近去探聽，方知上當：原來看見不少躺著和坐著的兵將，不過是草人而已。

太平軍進攻南昌之戰，成為西征戰場上與清軍的第一個攻堅戰。太平軍進攻南昌的決策儘管正確，但戰鬥持續了三個月，而南昌卻依然沒有攻克。造成這次失利的原因，主要為雙方兵力對比數量懸殊。清朝統治者非常重視對南昌的防守，一再發出諭令：「南昌現尚被圍……其地最關緊要，萬不可稍有疏虞。」[15]於是，省內外陸續調來增援軍，共計八千兩百餘人，加上南昌原有守城兵力（包括官兵與官、紳團局、練勇）近萬人，總兵力已

---

14 簡又文：《太平天國全史》（中）香港簡氏猛進書屋 1962 年印行，第975 頁。

15 咸豐《東華續錄》卷二一。

達一萬八千餘人。而太平軍開始投入的攻城兵力只有七千多人，以後隊伍雖然有些擴充，但由於傷亡較大，故攻城總兵力不會有明顯增加，七月底雖然陸續來了一些援軍，但過不多久即相率離去，沒有起到實際援應作用。因此，在數量上清軍始終占有絕對優勢。[16] 其次，太平軍賴以攻城的方法遭到破壞，如清軍事先焚燬了城外的附郭房屋，這就給太平軍的攻城戰帶來了很大困難，一是沒有可供棲息之所，二是沒有可供挖掘地道時使用的掩體，使之只能在德勝門一處地方進行。清軍還採取了多種破壞地道的措施，如「甕聽法」、[17] 開城外明壕、引水灌入等等，使太平軍擅長使用的地道戰術很難發揮作用。

太平軍進攻南昌的戰役雖然沒有取勝，但還是有所收穫的。首先，打亂了清軍的戰略部署，捍衛了天京的安全和穩固。駐紮在天京城外孝陵衛的江南大營時刻威脅著天京的安全。而江忠源本來是奉命赴江南大營幫辦軍務的，只是因為西征軍行將進攻南昌，他才改變原計劃，率領楚勇由九江改道徑赴南昌的。不僅這支楚勇被拖在南昌，而且在南昌戰役的緊急時刻，他們還抽出音德布率領的江南大營主力部隊趕來南昌增援。這樣，不僅打亂了清軍的戰略部署，也減輕了天京的壓力。第二，沉重打擊了清軍

---

16 參見杜德鳳《一八五三年太平軍進攻南昌之役》，《太平天國學刊》第一輯。

17 據同治《新建縣志》卷六五《兵氛》中曰：「江忠源仿明戚繼光甕聽法，於城根埋甕，使人坐其中，側聽以伺聲息」，當聽到有掘土聲，「即由內挖下，挖即通，即用鐵球下擊，並熬滾桐油稀粥灌入。」

「勁旅」楚勇。經過南昌戰役的數次被擊，江忠源所統率的一千三百多名楚勇只剩下一些殘兵敗將，以致先有田家鎮的慘敗，後又有廬州的被攻破，使猖獗一時的楚勇最後歸於瓦解消滅。第三，獲取了大量的糧食，緩解了天京供糧困難。太平軍與清軍在南昌攻守膠著不下時，八月上旬至九月中旬，曾派曾天養分兵進軍南昌附近各州縣，目的為四處裏糧助餉，並迎擊援助南昌之清軍。曾天養先後攻克了豐城、瑞州（高安）、饒州（鄱陽）、樂平、景德鎮、浮梁、都昌等地，太平軍從占領區獲得大批漕糧及軍需民用物資，除了支援南昌攻城軍外，還源源不斷運往天京。當時江西巡撫張芾就曾上疏言：「⋯⋯長江自江寧至江西千數百里，毫無阻遏，賊船來往自如。前月初旬，江西賊船百餘，滿載米糧，遠饋江南之賊，今值秋成宜邇，野有餘糧，賊匪轉輸甚易，恐江南之賊永無坐困之期。」[18]

不過，太平軍畢竟沒有按預定計劃攻克南昌，這就使當時困守南昌的大批清軍得以絕處逢生，同時也延緩了太平軍進軍湖南的時間，使得尚在訓練之中的湘軍得以逐步發展壯大，並成為日後太平軍在西征戰場上的死敵。賴漢英則因南昌之役失利誤了時間，打亂了整個西征計劃而被革職調回天京。

三　湖口九江爭奪戰

九月二十四日夜，西征軍揚帆北上，二十九日占領九江，委

18　李濱：《中興別記》，引自《太平軍在江西史料》，第 400 頁。

驍將林啟榮長期鎮守。然後一分為二：一支回安慶上皖北，於一八五四年一月攻克盧州，略取皖北州縣；一支上取武昌，於一八五三年十月克漢口、漢陽二鎮，旋退出。一八五四年二月，再克漢口、漢陽，又克岳州，進迫長沙，和湘軍主力接觸。此時，太平軍水師進至靖港，派陸軍襲湘潭等地，據上游以困長沙。四月，曾國藩自率一部分水陸軍至靖港接仗，一觸即潰。太平軍雖取得靖港之戰的勝利，但在同時的湘潭之戰中卻遭到慘敗，於是被迫退守岳州。太平軍退回岳州後，曾國藩乘機整頓湘軍。一八五四年七月，湘軍向太平軍進犯，攻陷岳州。十月陷武昌、漢陽。湘軍克復武漢，聲勢銳氣達到鼎盛。曾國藩即籌劃大舉東征，以九江為第一攻擊目標。

太平軍奉東王楊秀清之令，在長江天險田家鎮重兵設防，以遏阻湘軍攻勢，但遭到失敗，田家鎮於十二月三日失守。這樣，九江以上的太平軍長江壁壘盡失，也喪失了全部精銳水師。曾國藩當時就認為，「逆賊經屢次大創，前後焚燬逆船約計萬餘號，長江之險，我已扼其上游。金陵賊巢所需米、石、油、煤等物，來路半以斷絕，逆船有減無增，東南大局似有轉機」。[19]可見，太平軍在西征戰場處於嚴重不利的地位，面臨的形勢異常嚴峻，九江之戰的勝敗，也關係到太平天國首都天京的安危。

當時，清軍進攻九江的軍隊分為兩路：曾國藩率湘軍水陸師

---

19 《曾文正公全集》（二），卷首《奏議》，台灣文海出版社影印本，第671頁。

為南路，是進攻的主力；為確保攻陷九江，曾國藩又調湖北按察使胡林翼率黔勇兩千和鄂軍副將王國才、都司畢金科等率四千人從北路赴援九江。太平軍方面也組成了強有力的陣營。天王洪秀全、東王楊秀清派遣翼王石達開為統帥，偕胡以晃率大軍自安慶趕來湖口，主持戰事。冬官正丞相羅大綱也自饒州（時正在此徵糧）領兵來湖口協防，駐守湖口西岸梅家洲。燕王秦日綱自田家鎮退出亦占據黃梅縣城及九江對岸之小池口等地。十八歲的驍將陳玉成自北岸渡江，助林啟榮固守九江。九江、湖口、小池口三城形成一系，集中了太平軍西征之主力，勢力足以與敵軍抗衡。十二月八日，湘軍水師前隊彭玉麟抵達九江城下。次日，陸師塔齊布、羅澤南等渡過北岸田家鎮，長驅東下，進攻長江。九江、湖口之戰於此開始。

在戰役的前階段，太平軍曾遭到挫敗。曾國藩針對太平軍的防守，令先至九江江面的湘軍水師進攻九江，以牽制太平軍力量；以陸師進攻黃梅，力圖克復孔壟驛、小池口。十二月十四日，湘軍水師李孟群等進攻小池口太平軍營壘，獲小勝。次日，李孟群督後營蕭捷三等再戰，焚太平軍船三十餘隻。太平軍羅大綱部亦猛力迎戰，沉湘軍戰船數隻。這時，石達開自安慶派援兵抵達，會同羅大綱敗贛軍總兵居隆阿於小池口，毀其營盤。十二月二十日，湘軍陸師在黃梅大河埔擊敗太平軍，二十三日克復縣城。三十一日，提督塔齊布、參將周鳳山、道員羅澤南等全隊分二路進攻孔壟驛，迫及小池口。次日，太平軍被迫退出小池口。這時，石達開已偕胡以晃自安慶親來督戰，時任清兵部侍郎的曾國藩亦乘坐駕船至九江城外。湘軍水師趁機銳進，力攻小池口至

九江江面之太平軍水師，肅清江面。羅大綱等退守湖口。次日，湘軍水師又敗太平軍水師於九江，進至湖口，焚太平軍船六十餘隻。一月六日，屢毀九江、湖口間太平軍船隻營房。

鑑於太平軍屢敗，湘軍聲勢正盛，特別是水師戰鬥力極強，石達開深知要戰勝湘軍，須以計取，難以力勝，並且主要在於戰勝其水師。要戰勝其水師，就必須戰勝其精銳——輕捷的戰船舢板。考慮到水師方面的不利形勢，太平軍首先疲憊湘軍以智取湘軍水師，然後乘勝全面反攻的戰略方針。於是，石達開親守東岸湖口縣城，以羅大綱守西岸梅家洲，各督水陸師嚴密扼守；湖口內扎大小木排各一座，東岸築土城，西岸立木城；營外廣佈木樁竹簽十餘丈，掘壕數重，內埋地雷，上用大木橫斜搭架，釘鐵蒺藜於其上。防務嚴密以後，太平軍陸師每夜用火毬火箭驚憂敵人水師，「以小船百餘號，或二、三隻一聯，或五隻一聯，堆積柴草，實以硝藥，灌以膏油，分十餘起，縱火下放，炮船隨之。兩岸出隊千餘人，呼聲鼎沸，兼放火箭火毬。」[20]此舉使敵人徹夜戒嚴，不敢安枕，疲憊更甚，急於求戰。這樣，戰場上的主動權就基本上掌握到太平軍手中。

在這一相持階段中，從一月九日至十八日，湘軍水師曾三次大舉進攻九江，均被林啟榮、陳玉成等擊退。曾國藩見屢攻不克，便將主力胡林翼、羅澤南部調往湖口，塔齊布、周鳳山一部仍留九江牽制太平軍。赴湖口之湘軍得水師響應，於二十二日到

20 《曾文正公全集》卷首《奏議》（二），第 734 頁。

達湖口附近，企圖奪取梅家洲。二十三日，分三路攻擊，被駐守梅家洲的太平軍羅大綱部擊敗。二十七日，湘軍陸師又猛攻梅家洲，羅大綱再拒敗之。湘軍水師乘陸師進攻梅家洲之機，即以戰船環攻湖口太平軍，用炮轟擊橫亙鄱陽湖口的大木排，擊中排上的火藥箱起火，堅守木排的太平軍英勇搏鬥，悲壯激烈，與排同歸於盡。湘軍水師向太平軍水師發起進攻，石達開令鑿沉大船堵塞湖口，僅在西岸留一個小小進出口，用篾纜攔阻。彭玉麟率舢板快艇斬纜衝入湖口，焚燒太平軍船三百餘隻。

　　面對強敵，石達開採取誘敵入鄱陽湖以分割湘軍水師的戰術。為了使湘軍水師就範，石達開佯撤湖口的防禦。湘軍水師因勝而驕，中了石達開的計謀。一八五五年一月二十九日，湘軍水師營官肖捷三等「突揮輕舟百二十餘號，精卒二千餘人，衝入鄱陽湖內」。[21]石達開即令羅大綱重新在湖口設卡築壘，斷其出路，把湘軍水師分割為內湖外江兩部分，而長龍、快蟹笨重大船被隔絕在外江。當夜，太平軍以輕舟突襲外江之湘軍水師，「火箭、噴筒，迷離施放，呼聲震天」。敵大船因無靈活快速的舢板助戰，戰鬥力大為減弱，「運掉不靈，如鳥去翼，如蟲去足，實覺無以自立」。「被焚大戰船九號，小者數號，雜色坐船三十餘號。」[22]陣斃都司史久立，其餘敗退九江。太平軍得此機會，開始反擊，水師分兩路駛向上游，湖口陸師亦展開攻勢。二月二

21　《太平天國全史》（中），第 1127 頁。
22　《曾文正公全集》卷首《奏議》（二），第 763 頁。

日，太平軍一支渡江，奪回小池口。

為了徹底打垮湘軍水師，石達開與胡以晃、羅大綱商定於一八五五年二月十一日向湘軍水師發動一次殲滅性的進攻。是日深夜，水霧布滿江面，一片漆黑，萬籟俱寂，唯聞滔滔江水聲。這時，林啟榮和羅大綱分別從九江、小池口駕輕舟百餘隻「乘月黑迷漫」，徐徐駛來，當接近敵水師船隊時，突然「火彈噴筒，百枝齊放」，[23]顆顆火彈命中敵船，頓起彌天大火，連逃跑都來不及，焚燬敵船百餘艘，「輜重喪失，不復成軍」，[24]俘獲曾國藩座船，殺其管駕官把總劉盛槐及船上官員多名。曾國藩事先已改乘小舟逃至羅澤南營，否則不是被殺，就是被擄。太平軍獲得了湖口、九江之戰的最後勝利。

湖口、九江爭奪戰以太平軍的勝利而告結束，在當時意義重大。

首先，這次戰役從根本上扭轉了太平軍的敗局，成為西征戰局的轉折點。湘軍東下的攻勢被粉碎，太平軍在西征戰場上由被動變為主動進攻。隨著戰役結束，太平軍西征主力乘勝西上，進軍兩湖，於二月二十三日占漢陽，四月三日第三次克復武昌。西征戰場出現了戰略性之變化。正所謂「湘軍反勝為敗，天軍反敗為勝，而為一連串大勝利之序幕」。[25]

---

23 《曾文正公全集》卷首，《奏議》（二），第 765 頁。

24 張仲遠：《楚「寇」紀略》，轉引自羅爾綱《太平天國史料考釋集》第 243 頁。

25 《太平天國全史》（中），第 1132 頁。

其次，這次戰役把曾國藩苦心經營視為成功之利器的王牌軍隊——湘軍水師打得落花流水，不復成軍。曾國藩當時痛苦絕望，欲投水尋死，被部下勸阻未果，方於三月四日倉促逃入南昌。太平軍打垮了西征戰場上湘軍一支勁旅，從此，太平軍與湘軍的戰鬥轉移到了陸師方面。

曾國藩由於九江、湖口的慘敗，在當地官紳中受到莫大的冷遇和恥辱，「飽受官紳之揶揄訕笑，省吏之牽製作梗」，從此被困於江西兩年，「不通湘、鄂消息」。[26]這是他一生中最為危難的時刻。據其自書，是為其畢生「四大塹」之一：「乙卯（五）年，九江敗後，赧顏走入江西，又參撫臬。丙辰（六年），被困南昌，官紳人人目笑存之。」[27]曾國藩因久受江西巡撫陳啟邁不與合作貽誤軍機之苦，乃於六月十二日奏劾其顛倒錯謬，虛報軍情，藉餉挾制，多方掣肘，恐誤大局。[28]清帝立從其參奏，於七月初二日革陳啟邁職，以文俊代之。

四　石達開經略江西

湖口、九江之戰後，皖贛戰場經歷了半年左右的相持時期。長江天京一線三大重鎮——安慶、九江、武昌均在太平軍直接控制下。清軍不甘心失敗，重新調兵遣將，企圖奪回武漢、九江兩

26　《太平天國全史》（中），第1151頁。
27　《曾文正公全集》，《家書・家訓》（三），第20326頁。
28　《曾文正公全集》卷首，《奏議》（二），第877-890頁，《奏參江西巡撫陳啟邁摺》。

城。湘軍主將、湖南提督塔齊布屢次圍攻九江，均被守將林啟榮擊退。一八五五年八月三十日，塔齊布以師久無力，積憤成疾，在九江軍營嘔血而死。曾國藩即以副將周鳳山接統其軍，繼續圍攻。不久，太平軍湖口守軍擊斃湘軍水師大將蕭捷三，敗平江營李元度。武昌則在國宗韋俊的鎮守下，於九月十八日擊潰湖北巡撫胡林翼軍。曾國藩又立即派遣湘軍大將羅澤南來援，企圖厚集兵力奪回武昌。十月，石達開率護天豫胡以晃、衛天侯黃玉昆、春官丞相張遂謀、夏官又副丞相曾錦謙、檢點賴裕新等自安慶西上，進援武昌。十一月間，在崇陽、通城一帶與湘軍羅澤南部接戰，互有勝負。石達開看到湘軍全力援救武昌，江西防務較空虛，且又是曾國藩及其大本營之所在地，若乘虛襲擊江西，可以解除武漢、九江兩重鎮之圍。於是，決定南下進軍江西。

　　一八五五年十一月二十四日，石達開率大軍三萬人自湖北通城越幕阜山進入江西義寧州（修水），敗贛南鎮總兵劉開泰於馬坳，父子被斬。十二月九日，石達開率軍占新昌（宜豐），在此與自萬載來的廣東天地會葛耀明等會合，收編之，「號稱數萬」。[29]於是太平軍聲勢極為壯盛，尋分軍占上高、復陷萬載，浩浩蕩蕩，一路勢如破竹，連克瑞州（高安）、臨江（清江）、袁州（宜春）、吉安等名城重鎮，「西路州縣，望風瓦解」，[30]「全

29 此為自粵北上之三合會軍，其各軍名義上雖參加太平軍，但實際上編制與性質仍然獨立如舊，不受太平軍之宗教及軍事訓練，甚至自樹旗號，故當時別稱「花旗」。

30 李濱：《中興別記》，《太平軍在江西史料》第427頁，第425-426頁。

省震動，四方救援俱絕，團練亦解」。[31]太平軍聲威實力，無以復加。

太平天國從金田起義到攻取南京的重大勝利，顯示了農民戰爭勢如破竹、一無所擋的兵鋒和勢力。但建都南京則不能不是一項錯誤的、保守的戰略決策，「由此產生的軍事和經濟的態勢，牽制了太平天國的兵鋒，迫使它斂收金田起義以來的席捲之勢。於是，奔騰湍激的農民戰爭巨流一下子匯成一片以南京為中心的淺灘。」[32]既然建都天京，那麼其戰略方針必然是以鞏固天京為第一要務，太平軍的西征之舉即意在經營中上游、屏障天京，以為天京之「大供給所」。[33]自一八五三年五月至一八五六年九月天京內訌前，三年多的時間中，太平軍在西征戰場上取得了很大勝利，控制了長江兩岸武昌、九江、安慶三大重鎮，取得了安徽、江西和湖北東部的大部分區域，初步奠定了太平天國起義的物質基礎，使之起到了天京之「大供給所」的作用。在天京內訌後的困難時期中，太平天國之所以還能堅持下去，渡過難關，實係西征戰爭勝利所致。

第二節 ▶ 太平天國在江西的鄉政建設

太平軍在軍事全盛時曾占領過江西的八府五十餘縣。其在對

31　《鹽乘（新昌）縣誌》卷之九《武事》。
32　陳旭麓：《太平天國的悲喜劇》，《歷史研究》1991 年第 1 期。
33　《賊情彙纂》，《太平天國》叢刊（三），第 272 頁。

江西進行軍事占領的同時，為鞏固後方基地以配合其軍事行動，在江西所占地區實施了一系列的鄉政建設。

一　地方政權的建立

太平天國地方政權的建立，是從石達開至安徽安民（1853年9月以後）時開始的。從那時起，太平軍每占領一個地方，便立即張榜安民，曉諭舉官造冊，建立地方政權。[34]太平軍最初在江西建立地方政權的時間，是在一八五三年冬季。是年六月十三日，賴漢英、曾天養率西征軍占領彭澤，不守西進，至「冬十月，賊入城設偽官」。[35]六月十八日，西征軍占領湖口，十一月，湖口守將黃文金令人編造戶口冊，置軍、師、旅帥等鄉官。[36]

太平軍在江西普遍建立地方政權，是在石達開經略江西以後。一八五五年十一月，石達開率大軍由湖北通城進入江西，「先後攻陷臨江、瑞州、吉安、撫州、建昌五郡及各屬城池，遍設偽官。」[37]十二月石達開由新昌入上高，「使其目黃某為偽官，曰監軍；脅民為偽鄉官，曰軍帥、師帥、旅帥」。[38]十二月十八

---

34 在地方政權中，總制（相當知府）和監軍（相當知縣）兩級，多由太平軍的中級軍官擔任，也基本上由中央任命，他們既是地方行政長官，也有武裝守土之責，所以也稱為「守土官」。軍帥以下的鄉官，則全由當地人擔任，多由公舉產生。
35 同治《彭澤縣志》卷十八，《軍衛》。
36 同治《湖口縣志》卷五，《武備志》。
37 李濱：《中興別記》，《太平軍在江西史料》，第456頁。
38 同治《上高縣志》卷四《武事》。

日，石達開部檢點賴裕新及由廣東北上之天地會葛耀明等占領瑞州府，設總制、監軍。十二月二十六日，石達開部將楊如松、總制陳棹由新昌南下，占萬載，設監軍及軍、師、旅帥等官。十二月二十八日，胡以晃等自臨江府至新喻巡視，在羅坊設師帥，又到新喻設監軍。一八六五年一月一日，石達開部張遂謀、曾錦謙兩丞相自臨江府攻占新淦（新幹），設監軍。一月六日，胡以晃、黃玉昆攻占分宜，以監軍曹本立守之。一月八日，胡以晃、黃玉昆等自分宜攻占袁州府，以侍衛李能通守之，其下分設鄉官，以陳寶泰為總制，胡敏為監軍，受李能通節制。一月十四日，胡以晃部朱衣點自袁州攻占萍鄉縣，以田某為監軍。三月十一日，石達開率大軍攻克吉安府後，在所屬各縣均設監軍。三月二十八日，石達開部檢點黃添用、軍略餘子安自吉安攻占撫州府，令紳士充當監軍、軍帥、師帥、旅帥、百長（卒長）、司馬。三月三十日，監軍冷逢辰自撫州進占金溪，亦設鄉官。四月四日，撫州太平軍分軍占領建昌府，以將軍張三和為守將，接著，分軍所屬各縣，遍設鄉官，遣監軍至各屬邑。四月十日，撫州太平軍占領宜黃，立軍、師、旅帥；吉安太平軍占萬安，以陳寶林為監軍。到此時為止，江西八府五十餘縣均為太平軍所占領。太平軍在所占領的地區，普遍地設置鄉官，建立各級地方政權，「鄉土政治，盡上軌道」。[39]

　　太平軍建立各級地方政權，設置鄉官，其目的是為了把所占

區域納入天朝的統治之下，安撫百姓，「編立戶口，徵收錢糧」，[40]以支援農民戰爭，鞏固新生的天京政權。正所謂「假托周官，倡為軍、師、旅帥、兩司馬、百、卒、伍長等職，索民間造冊，許給散門牌，以安百姓」、[41]「遍置偽官，迫其士民，劫以助逆，因糧因兵，愈蔓愈廣。」[42]

太平天國江西地方政權鄉官的人選，其中一部分是由受剝削、受壓迫的勞動者，或者是飢寒交迫的無業遊民，如「丐」、「鐵匠」等承當，[43]也有「人民之附義者」，[44]即擁護太平軍的民眾擔任。但為了確立轄區內的社會秩序與徵收錢糧，太平軍又不得不注意安撫那些「糧戶」和「殷實之家」，在一定程度上對他們實行了一種寬撫政策。如特別注意吸收「名儒學士」參加地方政權，委任他們充當軍、師、旅帥等各級鄉官。所以，在地方政權中，較常見的情況是，「本地紳士被邀合作，有被任要職者」。[45]如在撫州，太平軍「逼迫紳士充當偽職」，[46]並要地方紳士「各舉爾所知」，以提供鄉官人選，像舉人趙省庵，就被慕名的「賊目」「延以重金，逼受偽職」。[47]在吉安，「各屬設立偽

40　同治《宜春縣志》卷五，《武事・續紀》。
41　張宿煌：《備志紀年》，《太平軍在江西史料》，第 542、543 頁。
42　李濱：《中興別記》，《太平軍在江西史料》，第 427 頁。
43　張宿煌：《備志紀年》，《太平軍在江西史料》，第 542、543 頁。
44　《太平天國全史》（中），第 982 頁。
45　簡又文：《太平天國典制通考》上，香港簡氏猛進書屋 1958 年版，第 405 頁。
46　同治《撫州府志》卷三四之二，《武備・武事》，《發逆始末附》。
47　鐘體志：《趙省庵明經墓誌銘》，《澡雪堂文鈔》第四卷。

官……士人受賊偽職」，[48]如恩貢生郭如圭、歲貢生王錫、增貢生肖文英之子以及地方伸士周煊等，均曾「逼受偽職」。[49]在金溪，「邑紳多污偽命」。[50]在安福，「擇邑之舉人生監，皆以軍、師、旅帥、司馬各職污之」。[51]在湖口，一八五三年太平軍設置鄉官時，「主其事者潘敬孚，本城中紈褲子，捐納國學生，出入文昌宮」。[52]在臨川，「賊在城分布偽職，勒四鄉財戶當之」。[53]樂安監生陳英煥也「逼受偽職」。[54]

　　各方面的記載和諸多的事例證實，太平天國時期，江西地方鄉官雖有一部分農民出身的人充任，但由地主階級，特別是地方紳士充任則是一種較為普遍的現象。這說明太平軍在政治上確實是力圖爭取和拉攏地主階級尤其是知識分子的。與太平軍在其他各地所發布的檄文、告示中真誠地希望「名儒學士、英雄豪傑」加入起義隊伍一樣，這也是太平軍在江西（同時也在安徽、湖北等省份）普遍執行的一項方針政策。

　　太平軍之所以執行這種方針政策，是因為太平天國還是一場農民起義，只能把「更換朝代」[55]作為這場農民起義的具體目

48　尹繼美：《吉安軍務私議》，《鼎吉堂文鈔》續編。

49　民國《吉安縣志》卷三六第 9 頁，卷三九第 12 頁。

50　鐘體志：《許柱臣墓誌銘》，《澡雪堂文鈔》第四卷。

51　鄒鐘：《光遠堂文集》卷六，第 3 頁。

52　張宿煌：《備志紀年》，《太平軍在江西史料》第 542 頁。

53　同治《臨川縣志》卷四四，《忠義》。

54　同治《樂安縣志》卷八，第 25 頁。

55　《東王楊秀清勸告天京人民誥諭》，中華書局 1979 年版。

標，他們也只是從革命的本能出發，而對剝削和壓迫缺乏科學的分析和明確的認識，因而不可能有明確的階級觀念。所以，他們把鬥爭矛頭主要指向清朝貴族、官僚、豪紳地主，而對一般地主及其知識分子不公開反抗者，則視為「良民」而採取爭取、信任政策，予以任用。但是，地主階級作為封建生產關係的代表者，出於其階級本能，對於太平天國和其他農民的反抗鬥爭抱著仇視態度，因此許多地主及其知識分子對於參加太平天國地方政權，則採取了敵對和抵制的態度。如太平軍一八五六年二月攻克安義縣後，「下令捕紳富充偽官……紳富皆匿窮谷，大索四十餘日，無所獲」。[56]太平軍在安福「擇邑之舉人生監」任鄉官時，「諸生黃中理首見賊諜，逃於湖湘，免」。[57]臨川地主官僚饒玉川，被「逼當旅帥，不從」，並「誓以死殉」。[58]不過，由於太平天國起義時期中國社會矛盾十分複雜尖銳，除了帝國主義與中華民族的矛盾、封建主義與人民大眾的矛盾外，國內各族人民與滿族貴族的矛盾、統治階級內部滿族貴族與漢族地主的矛盾、大地主與中小地主、當權的地主與不當權的地主之間的矛盾等等也交織在一起。因此，當太平軍以「創義旗以剿妖胡」為號召，把鬥爭矛頭主要對準滿族貴族、清朝官僚、大地主豪紳時，一部分具有民族觀念和下層的地主知識分子，有可能從地主階級中分化出來，起

56 同治《安義縣志》卷之五，《武備》。
57 鄒鐘：《志遠堂文集》卷六，第3頁。
58 同治《臨川縣志》卷四四《忠義》。

而擁護太平天國起義。

太平軍向江西進軍時，南康就發生了「本地紳太平軍實行的爭取寬撫政策便取得了一定的政治效應。當士誘縛守、令、都司迎獻賊船」之事，[59] 江西其他州縣，「紳庶士民」、「饋送銀錢米穀等物，並佯受偽職，希圖苟免者所在皆有，而甘心從逆，屈身獻媚⋯⋯亦復不少」。[60] 曾國藩在一封家書中述及石達開經略江西時的情形說：「江西民風柔弱，見各屬並陷，遂靡然以為天傾地坼，不復作反正之想，不待其迫脅以從，而甘心蓄髮助賊，希圖充當軍帥、旅帥，以訛索其鄉人。」[61] 王珍率所部湘軍入「翼逆之所苦心經營」的江西，發現「此間民氣尚好，紳士轉多不剃髮，不辦公。」[62] 他在一封答書中說：「所示吉水逆目姓名，單舉人且有三名之多。國家養士二百年，何負於若輩？可恨，可嘆！」[63] 臨江貢生謝某，在湘軍周鳳山營帳中當眾「昌言偽翼王石達開龍鳳之姿，天日之表。」[64] 前引湖口鄉官「國學生」潘敬孚，「凡賊中所出偽示，張掛家門」，後被清朝「官兵⋯⋯械送

59 沈兆霖：《自訂年譜》，《沈文忠公集》卷首，第 10 頁，同治八年刊本。

60 李恆：《議復吳守稟准奏請奉、靖、義三縣紳士被賊污名立案不究詳》，《寶韋齋類稿·官書》第一卷。

61 《曾文正公家書》，《家書·家訓》（二），第 19615 頁。

62 王珍：《復靳鎮銘大令》，《王壯武公遺集·書札》之九，第 28 頁，揚州古籍書店油印本。

63 王珍：《覆文輔卿大令》，《王壯武公遺集·書札》，之七，第 31 頁。

64 趙烈文：《落花春雨巢日記》，《太平天國史料叢編簡輯》第三冊，中華書局 1962 年版，第 61 頁。

省正法。」[65]在龍泉縣，舉人張謙、武舉鐘起鳳、廩生鐘毓靈、監生陳邦烈、童生劉相桂等，都充當過「賊渠魁」，後被清軍「俱凌遲處死，懸首四城門示眾」。[66]

這些史料記載，當然不能排除有一部分地主階級及其知識分子在革命高漲時期投機進入太平天國，表面上不得不與太平天國虛與委蛇，而實際上始終敵視太平天國的可能，但也確鑿地說明在當時特定的歷史條件下，隨著地主階級內部矛盾的發展和形勢的演變，這個階級也會產生分化，由於太平軍執行的寬撫政策，就使得其中一部分人（尤其是知識分子）逐漸與清王朝疏遠，而向太平天國的政權靠攏的事實。

太平天國江西地方政權對封建勢力進行了猛烈的衝擊。在政治上，各級地方政權運用暴力手段嚴厲鎮壓清朝官吏、團練頭子、豪紳地主，「焚各官衙署」，[67]摧毀了各級官府，狠狠地從政治上打擊封建勢力。在經濟上，「所擾惟典鋪、大家為甚」，「惟以仇視官紳、苛勒殷富，以售其黠」，[68]即對地主階級中最富有、勢力最大的一部分進行搜劫和剝奪。在文化上，則「毀其詩書，焚其廟宇」，「既滅孔孟之教，又滅綱常之序」，「嚴禁剃髮服煙」，[69]對封建文化習俗進行了一定程度上的掃除（不可避免

65 張宿煌：《備志紀年》，《太平軍在江西史料》第 542 頁。

66 同治《龍泉縣志》卷十八，《雜類》。

67 同治《萬載縣志》卷七之二，《武備・武事》。

68 同治《高安縣志》卷之九，《兵事》。

69 晏家瑞：《江西戰壘紀聞》，《太平軍在江西史料》第 533 頁。

地對傳統文化又造成了一定程度上的破壞。）此外，太平天國江西地方政權在所轄地區普遍實行戶籍制度，發給門牌，對安定社會秩序、鞏固太平天國後方基地、積極支援農民戰爭起到了不容忽視的作用。

二 土地與稅收

為了籌集充足的糧食軍餉，以支持長久的戰爭，就必須徵收田賦。太平軍在江西實行的田賦政策，經過了從宣傳公有制，「均貧富」，實行「計畝徵糧」，到「照舊交糧納稅」這一變化過程。

太平天國所設想的土地制度，在《天朝田畝制度》中得到了較全面的反映，它的基本原則是：土地為天父所有，天下人平均分耕。太平天國在頒布《天朝田畝制度》之前，曾為實行公有制，「均貧富」進行過宣傳。一八五三年二月，太平軍抵達九江時，到處張貼布告，「首以薄賦稅、均貧富二語」宣告人民，[70]對人民群眾鼓動和影響很大。湖口縣農民即提出了均田的要求，實行了減租。湖口縣張宿煌在咸豐三年（1853 年）「秋八月」的記事裡記道：「是秋谷熟倍。近年三鄉頑梗，倡均田之說，私相盟會，准每畝佃戶納谷八斗，語云：斬富填貧。」[71]是年賴漢英

70　《吳煦檔案》，《吉爾杭阿稟》，引自羅爾綱《「天朝田畝制度的實施問題」補考》，見《太平天國學刊》第二輯。

71　張宿煌：《備志紀年》，《太平軍在江西史料》，第 543 頁。

率太平軍圍攻南昌時，南昌縣梓溪鎮棠溪村農民也向地主計畝徵糧，分給無田的窮苦人吃。村中地主鄒樹榮在《六月十八日江省被圍感賦七律三首》中記其事道：「圍閉江城歷七旬，久偏生變是愚人，官兵與賊皆安堵，鄉俗乘機作怒瞋。計畝徵糧憂富室，（鄉間計田一石，或出谷一石二石不等，分與無田者食，於是有田者多受累。）……吾村前後分三次，（吾家一回出穀五十餘石，一回出穀三十餘石，一回出穀二十石）此舉難期苦樂均。」[72] 這些「均貧富」、反對封建剝削的宣傳和實際行動，與太平天國定都天京後的行動是一致的。這既打擊了封建剝削勢力，同時也為《天朝田畝制度》的頒布做了準備。

《天朝田畝制度》頒布於一八五三年十二月，但實際上始終沒有實行。太平天國建都後，行政機關大加擴充，天京人民也行供給制，而糧食來源主要是依靠克復州縣獲取倉儲，這就不可能長期維持下去。據記，天京於一八五四年六月已「下一概吃粥令」，[73] 糧食告匱。如果當時不很快解決天京糧食匱缺問題，天京很可能發生譁變事件。除天京外，從整個形勢來看，糧儲匱缺也是一個首要的大問題。所以，剛剛建立的太平天國政權面臨的重大問題即立即解決糧食來源，穩定軍心民心。而《天朝田畝制度》實行平分土地，要使「無處不均勻，無人不飽暖」的理想固

---

72 鄒樹榮：《藹青詩草》，《太平軍在江西史料》，第 473 頁。

73 引自羅爾綱《「天朝田畝制度的實施問題」補考》，見《太平天國學刊》第二輯。

然頗為美好，但這個農業社會主義的烏托邦只是個十分遙遠的遠
景藍圖，在當時戰爭頻繁、戎馬倥傯的環境中，太平天國領導人
根本無法照此方案對整個經濟結構和社會組織進行根本改造。既
不具備實現它的主客觀條件，也不能立即解決糧食來源問題，因
此，太平天國領導人並不打算把《天朝田畝制度》付諸實踐，其
土地制度甚至沒有試行。於是，在頒布《天朝田畝制度》後至多
半年，太平天國紀不得不根據太平軍在江西和安徽等地徵收糧賦
的具體鵲踐（咸豐三年九月，石達開在安澎也實行了「征租賦」
政策），因時利便地改為採取「照舊交糧納稅」的措施。

「照舊交糧納稅」的措施，是一八五四年七月間楊秀清、韋
昌輝、石達開聯名上奏天王洪秀全《請准良民照舊交糧納稅本
章》請辦的。本章中奏說：自「建都天京，兵士日眾，宜廣積米
糧，以充軍儲而裕國課。弟等細思安徽、江西米糧廣有，宜令鎮
守佐將在彼曉諭良民，照舊交糧納稅，如蒙恩准，弟等即頒行誥
諭，令該等遵辦，解回天京聖倉堆積。」洪秀全接本章後，即批
示：「胞等所議是也，即遣佐將施行。」[74]於是，「照舊交糧納稅」
的田賦政策，就作為太平天國的一項重要方針政策而正式確定了
下來。

太平天國實行「照舊交糧納稅」的政策，始於一八五四年秋
天。據羅爾綱先生考證，這年秋八月十七日（陰曆）始在安徽桐
陵縣施行。在江西實行的時間，大概也在這前後，當是在建立了

---

74 張德堅：《賊情彙纂》，《太平天國》叢刊（三），第 203-204 頁。

地方政權，編立了戶籍後施行的。從一八五五年五月「前玖聖糧」劉某在江西都昌發布的曉諭來看，其中說：「田賦雖未奉其定制，爾等糧戶亦宜謹遵天定，暫依舊例章程，掃數如期完納。」還說：「無論富戶貧民，務宜一體完納。」[75]所謂「舊例章程」，顯然是「照舊交糧納稅」的換一種說法。可見，太平軍此時在江西正是「暫依舊例章程」，即沿用清朝的老辦法徵收糧賦。交糧納稅的對像是土地所有者，其中包括地主和自耕農，而地主仍是田賦的主要交納者。

既然要向地主徵收田賦，勢必允許地主收租，保留封建土地所有制。事實正是如此。據清方報告江西的情況說：「士民多以身家之故，勉被迫脅，受賊驅使，不能自拔。」[76]所謂「身家」，即指以田產為主的地主家財。顯然，如果太平軍廢除了封建土地所有制，所謂「士民」（即地主）就不會受太平軍的指使，更不會為太平天國辦事。但是，在革命高潮中，太平軍掃蕩地主團練，鎮壓有功名的地主，剝奪地主浮財等鬥爭，不僅使許多地主死亡，更使大批地主紛紛逃竄。如彭澤縣，自太平軍來後，「往往世家大族，或轉徙而家乏壯丁，或荒蕪而莫辦阡陌。」「輾轉歲時，遂至永棄……從而飛灑。」[77]於是，造成了一部分「無主」土地。在這種情況下，土地落到太平天國或貧苦農民手中，或者

---

75 《前玖聖糧劉曉諭糧戶早完國課》佈告，見《太平天國文書彙編》，第 118 頁。

76 《駱文忠公奏議》（二）第 772 頁，台灣文海出版社影印本。

77 同治《彭澤縣誌》卷四，《軍衛》。

耕種這部分土地的佃農一時免除封建剝削，不完租，只交糧，是完全可能的。這在一定程度上對封建土地所有制是一種打擊和破壞。

太平軍在江西實行「照舊交糧納稅」的田賦政策，究竟賦稅徵收辦法如何？徵稅額為多少？因資料匱缺，不得而知。不過，有一點可以肯定的是，在清朝統治下，官府浮收很重，而太平軍雖照清朝辦法徵收賦稅，但較之清朝統治時期則要輕得多。據記載：「天朝在湖北之一部、安徽之大部、江西幾乎全部（只南昌、贛州兩郡為例外），均抽稅，稅收有定規。」[78]「在翼王治下皖贛兩省各郡邑，皆能循政治軌道以增稅收，不事橫徵暴斂……其徵收稅率比曩在清朝治下為輕。」[79]另據一地主階級分子記稱，江西太平天國地方政權「假仁義使地方相安，賦又善取之，輕取之」。[80]「賦又善取之」，雖未詳言，但不外是指太平軍徵稅時，革除了大戶「注緩」不納，小戶則橫徵倍取的積弊，實現了「均賦」；「輕取之」無疑是指取消了浮收勒折，大為減輕了農民負擔。有些地方，如在撫州，還有「減稅至半額」的報導。[81]連曾國藩也不得不承認太平軍在「括斂」上「尚能疏節闊

78 《北華捷報》1856 年 8 月 16 日，引自《太平天國典制通考》上，第 406 頁。

79 《太平天國全史》（中）第 982 頁。

80 雷壽南：《稟駱中丞》，《雷竹安先生文集》第八卷。

81 《北華先驅》1856 年 10 月 4 日，引自《太平天國典制通考》上，第 406 頁。

目」，不像清軍那樣「權算無餘」。[82]這些僅有的記載，說明太平天國在江西雖行「照舊交糧納稅」的田賦政策，但土地占有者賦稅的實際負擔並非「照舊」，則是較前有所減輕，以致「民遂漸有樂於相向之意」，統治階級擔憂「誠恐陷賊日久，與賊相安，必至相忘，將不分良莠皆歸賊矣！」[83]

　　總的來說，太平天國從頒布《天朝田畝制度》退回到實行「照舊交糧納稅」的田賦政策，並非太平天國政權根本政策的變化，它既是太平天國根據客觀情況而因時制宜所採取的一項應急措施，同時也說明了這樣一種道理：《天朝田畝制度》要徹底廢除私有財產、搞絕對平均主義，不僅是超出當時，甚至是超出未來的一種幻想。正如恩格斯在《德國農民戰爭》中所說，這種幻想式的計劃「在第一次實際試用之後就不得不退到當時條件所容許的有限範圍以內來。對私有財產的攻擊，對財產公有制的要求，都不得不煙消雲散。」[84]

　　實行「照舊交糧納稅」的田賦政策，儘管保留了封建土地所有制，但它與清朝政府為保護地主利益、剝削農民的賦稅制度有著原則的不同。它的實行，在當時客觀上也起到了爭取廣大農民（包括自耕農、中、小地主），鞏固農民政權及服務於農民戰爭的作用。

82　《曾國藩未刊信稿》，第 314 頁。
83　雷壽南：《稟駱中丞》，《雷竹安先生文集》第八卷。
84　《馬克思恩格斯全集》第七卷，人民出版社 1959 年版，第 405 頁。

當然，這種政策並沒有解決農民的土地問題。因為封建土地所有制是封建社會的經濟基礎，剷除這一制度將根本變革這個社會的性質。歷史證明，這是農民階級單靠自己的力量所不能完成的。太平天國起義雖然是舊式農民戰爭的頂峰，但在這個根本問題上，他們不可能超越歷史的侷限。在起義過程中，他們一方面不能不允許地主收租，保留封建土地所有制；另一方面又給地主階級以猛烈打擊，並一定程度上削弱了地主土地所有制。

三　商業政策

關於商業政策，太平天國在占據南京之後，即宣布：「天京乃定鼎之地，安能妄作生理，潛通商賈？」[85]遂將所有商賈資本貨物沒收，歸入聖庫，統一掌握，調撥分配。一時天京城內任何形式的商業活動都被取締（雖然天京城在後期仍恢復了商業活動）。天京城內對待商業的種種做法，並沒有在其他地區推行。

太平軍在江西實行的商業政策，由於資料匱缺，不得其詳，從一些零散的記載中，只能知道大概的情況。

首先，地方政權鼓勵和支持商人照常進行商業貿易活動。太平軍在江西義寧州的安民布告中就說：「凡爾民一切貿易無容閉歇，免致採買無向，自迫其亂。」[86]地方政府不但鼓勵商人在太

85 馬壽齡：《金陵癸甲新樂府》《太平天國》叢刊（四），神州國光社1954年版，第738頁。
86 《元勳殿左二十七檢點賴裕新安民曉諭》，《太平天國文書彙編》，第120頁。

平軍占領區內自由往來貿易，而且還特許商人可以剃髮進入清政府統治區。據《北華先驅》所載，一位外國人「曾遇一江西商人之旅居安慶者，問其生意如何」，商人答云「長毛對待我們殊好」，接著又說，他們商人「還可以與非天朝治下的區域做生意；彼本人即薙了髮由安慶到江西經商者」。[87]

其次，地方政府盡一切可能維持社會秩序，保障商民利益。在這方面，太平軍特別注意軍紀的維持，嚴格實行公買公賣，規定「凡官兵如見子民安業買賣，膽敢恃勢搶民貨物，不依平買給價者，民宜當即扭拿稟送，論罪處斬」。[88]

太平軍所實行的這種自由和保護的商業政策，對商業的恢復，即市場交易與商販往來起到了促進和活躍的作用。因此，在江西太平軍占領區，地方治安秩序井然，太平繁盛，商賈往來無禁，商業貿易得以順利開展。

四 文化政策

太平軍在江西還廣辟門徑招納知識分子。其一為招賢制度。知識分子中自然有懷才自薦的人。讀書人「有從之者，稱為先生，即派七、八人服侍」。[89]湖口縣有一位姓潘的知識分子，「自

---

87 《北華先驅》1856 年 8 月 16 日，引自《太平天國典制通考》上，第404 頁。

88 《元勳殿左二十七檢點賴裕新安民曉諭》，《太平天國文書彙編》，第120 頁。

89 毛隆保：《見聞雜記》，《太平軍在江西史料》，第503 頁。

憤讀書不得志」，於是投奔太平軍，太平軍「得潘大喜，遂船載去」，後來咸豐四年（1854 年）冬隨翼王石達開回縣，「果重用為翼殿尚書」。[90]其二為科舉制度。太平軍在江西部分地區舉行「開科取士，使人民得自由競取功名及官職。」[91]據記，咸豐五年夏五月，太平軍曾在江西湖口舉行鄉試，「先是，賊於三月間遣偽官向下派送試卷，謂之觀風，而愚則其書中語。至是，擬取台山張氏家塾為考棚，十人取九。其不取者，賊謂文有妖氣。其取者，送安慶再試。」咸豐七年夏六月，又舉行了一次鄉試，「……至是凡取入偽學者，逼往彭澤大考。……八月，有無恥之徒儼然拜祖拜客，著一領大紅袍，頭上所戴則果然舉人字帽矣」。[92]科舉制度是從清朝那裡學來的現成辦法，不過太平軍加以了變通，這主要為考試內容方面，試題來源或採太平天國典籍，或就當前的政治實際，「文有妖氣」，即不符合太平天國思想之內容，則不予錄取。另外考試錄取名額也很寬鬆，「十人取九」，這就大大拓寬了太平軍招納知識分子的範圍。

太平軍迫切需要知識分子，對所有中途進入的知識分子都給予了同樣的重視和歡迎。但他們對知識分子不加區別，不懂得如何去改造他們，這則是一大缺陷，這與封建社會裡農民階級建立的政權終究不能徹底反封建是相關聯的。

---

90 張宿煌：《備志紀年》，《太平軍在江西史料》，第 544、545 頁。
91 簡又文：《太平天國典制通考》上，第 404 頁。
92 張宿煌：《備志紀年》，《太平軍在江西史料》，第 544、545 頁。

第三節 ▶ 太平天國苦撐江西殘局

一八五六年秋，天京內訌及農民起義隊伍的嚴重分裂，大傷了太平天國的元氣，斷送了大好的革命形勢，使清軍獲得了一個意外的機會，向太平軍發起了猛烈的反撲。

一 天京內訌後江西的軍事形勢

一八五六年十二月十九日，堅守了一年多的武漢，由於石達開奉詔勤王，撤兵東歸，守軍外援斷絕，守將韋俊遂棄城東撤入江西。這座對保衛安慶和天京具有重大戰略意義的城市最終陷入敵手，成為清軍東征之基地。日後清軍從這裡順流而下，水陸兼進，一步步地逼進九江。

在江西戰場，湘軍增加了兵力，分軍數路，大舉進犯。由劉長佑、肖啟江攻袁州，曾國華、普承堯、劉騰鴻、吳坤修攻瑞州，李續賓、楊載福攻九江。駐守江西的太平軍面臨著物資、軍械供應緊缺的嚴重困難，又不得不自行組織防禦，與湘軍展開英勇頑強的戰鬥。先前參加太平軍的天地會眾（花旗），因為保留著自己原來的組織和旗幟，紀律鬆弛，軍械不整，天京變亂發生後，他們首先動搖、叛變。一八五六年十一月二十四日，春官副侍衛李能通便以袁州城叛降湘軍道員劉長佑、知府肖啟江，二十九日，城陷。一八五七年一月三十日，湘軍知府吳坤修又攻陷了與瑞州、臨江兩地成為掎角的奉新城。曾國藩當時認為：「近日洪楊內亂，武漢肅清，袁州、奉新等處克複數城，江西局勢似有

旋轉之機。」[93]

　　儘管如此，在一八五六年十一月至一八五七年五月由石達開
輔政期間，太平天國整個軍事形勢基本上是穩定的。當時，石達
開面臨著武漢失守、清軍水師直逼九江的危險形勢，為了穩定局
面，重新部署了攻守兼施的戰略（在東線堅守句容、溧水，西線
堅守九江以下的長江水道，西南堅守江西，在皖鄂邊境大別山區
則實行進攻）。在堅守方面，石達開回京靖難之時，雖放棄武昌
之救援，但對於江西戰場的防守猶有縝密之佈置，嚴令諸軍緊守
防地，留大將餘子安、賴裕新、傅忠信等統兵扼守各重要郡邑。
因此，曾國藩於一八五六年十月至十一月間，乘天京內訌之機，
一度反攻建昌和撫州，以圖輕易得手，不僅不成功，反被由景德
鎮赴援的太平軍所大敗，李元度之平江勇幾乎全軍覆沒。曾國藩
在事後向清廷匯報說：「臣等正思趁此機會，克復數城，仰慰宵
旰憂勤之意，不意九月中（1856 年 10 月）撫州以分軍致挫，十
月間（11 月）建昌以疲乏致潰；而拿獲賊中偽文，均稱石達開
諭令諸賊謹守江西。凡江西境內之賊概未調赴下游，而下游之賊
反由景德鎮以赴援撫、建。蓋安慶為石逆舊踞之巢穴，江西為石
逆新陷之土地。……以大局言之，北岸安慶、南岸九江，該逆之
所必爭也；以江西言之，瑞州、臨江為根本，撫州、吉安為膏
腴，亦該逆之所不肯輕棄也。」[94]曾國藩這裡所說的瑞州、臨

93　《曾文正公全集》卷首，《奏議》（三），第 1502 頁。
94　《曾文正公全集》卷首，《奏議》（三），第 1390-1393 頁。

江、撫州、吉安四地，正是太平天國在江西的軍事重鎮。瑞州據錦江中游，臨江扼袁水下游，撫州則控盱江要津，是太平軍進攻南昌的三大據點；而吉安臨贛江上游，廣出米糧，又為供應江西太平軍軍需的中心，都是必須堅守的要地，同時也是清軍為了保住南昌所必爭的城池。清軍雖集中兵力以奪取這些城鎮，但直到一八五七年上半年中，連一個也沒有攻下，「江西賊勢，仍未衰落，八郡名城，久被淪陷。……足見此賊以全力圍困江西，未嘗有一處之瑕隙，一日之鬆懈也」。[95]清軍費了九牛二虎之力，只取得了西部袁州等數城而已。在長江水道上，九江仍在堅守中，清軍水師暫不敢東下活動。江西太平軍以堅守為長策，雖然失去幾個城池，但軍事形勢基本上卻是穩定的。

但內訌後，洪秀全疑忌日重，導致了一八五七年五月底石達開的出京遠征。石達開出走，盡行帶走嫡系部隊，使太平軍隊伍發生嚴重分裂。全線軍事，又急轉直下，「清軍乘機取攻勢，處處反敗為勝，遂至天朝大局幾至不可收拾矣」。據當時六安州總制之掌書陳鳳曹函曰：「翼王見天王疑忌實深，故私自出京，誓不回去。隨後絡續隨翼王而出京者，官員兄弟約有五、七萬人，將來天京必定空虛。[96]石達開的嫡系部隊大部分都在江西分駐各郡邑（其入京前，留賴裕新等守瑞州，黃玉昆等守臨江，傅忠信等守吉安，餘子安等守撫州，又石鎮吉部亦由閩回贛，連分駐各

95　《曾國藩疏覆》，引自《太平軍在江西史料》第 434 頁。
96　《太平天國全史》（中），第 1429 頁。

地之廣東天地會，不下十餘萬人，而楊輔清一軍四五萬人，亦方由閩回師）。石達開自一八五七年十月初由安徽入江西，至一八五八年四月統大軍由贛東北邊縣玉山入浙江，在江西境內沿途接應嫡系歸隊及友軍附從。而江西戰場由於撤走駐守各邑之基本隊伍，防地盡空，兵力則愈薄弱了。

　　在清軍方面，一八五七年春，曾國藩由於丁憂回籍，清軍全盤軍事由湖北巡撫胡林翼主持。這時，湖南巡撫駱秉章續派道員王鑫率老湘營來江西增援，兵力愈厚。而湖北收復後，胡林翼乘勝指揮水陸全師東征，以期與久困江西之曾國藩軍會師。於是都興阿、多隆阿之馬隊，李續賓、王國才之陸師，與楊載福之水師，夾江而下，未遇抵抗，直逼九江。「綜計此次清軍東征之全部兵力：楊氏水師增至四百餘船，李氏一軍增至八千餘人，連同王國才等其他諸部，共有二萬餘人」。[97] 敵軍來勢洶洶，太平軍隊伍又嚴重分化，江西戰場面臨著嚴重的丟城失地局勢。當石達開本人尚在安慶之時，瑞州便在湘軍的長期圍攻下於九月二日失守。自一八五七年九月至一八五八年九月的一年中，江西的幾個重要城鎮如瑞州、湖口、臨江、九江、撫州、建昌、吉安相繼失守。

二　九江保衛戰與吉安失守

（一）九江保衛戰

97　《太平天國全史》（中），第 1403 頁。

九江扼鄂、贛、皖三省水陸咽喉，是長江一線的重要戰略據點。自一八五三年九月二十九日被太平軍占領以後，一直為太平天國上游重鎮。殿右十二檢點林啟榮奉命鎮守九江後，繕守具，增城壕，守備甚固，連北岸之小池口與東部鄱陽湖入長江之湖口地方，互成犄角之勢，清軍屢次進攻，均不得逞，「層柵密壘，犄角相依，官軍攻擊，恃險堅拒。」[98]一八五六年十二月，武漢失守後，清東征大軍水陸並進，迫向九江。

一八五七年一月初，湘軍記名按察使李續賓部八千餘人直入江西。一月一日，攻陷瑞昌。次日，遣軍再陷德安。一月四日，李續賓率大軍直抵九江城下，一月八日開始與提督楊載福之水師合力環攻九江，大戰六晝夜後敗退。林啟榮以功封貞天侯。

二月，湘軍自官牌夾起到東邊白水湖尾修築長壕，全長三十多里。到六月築成長壕六道，壕深二丈，寬三丈五尺，三面合圍。十月二日，小池口被攻陷。胡林翼隨即親到九江視師，並與楊載福、李續賓等商定攻取九江戰略，決定先以水陸師全力攻湖口、彭澤之外圍，以孤立九江，斷其接濟，然後攻九江府城。

太平軍據守湖口已六、七年，守將為檢點黃文金，「紫面善戰，綽號老虎」。[99]十月二十五日，楊載福、李續賓之水陸師預約彭玉麟之內湖水師齊攻湖口，敗黃文金等。次日，湘軍水陸師

---

98 李濱：《中興別記》，《太平軍在江西史料》第459頁。

99 彭玉麟：《詩集》卷二，《攻克湖口》，引自《太平天國全史》中，第1606頁。

繼續拚死進攻湖口、梅家洲二地，太平軍守軍奮起頑強抗擊，消滅湘軍九百餘人。終因守軍寡不敵眾，黃文金率部南退，湖口、梅家洲血戰之後陷入敵手。這樣，自一八五五年一月二十九日被石達開計誘陷鄱陽湖內圍困之湘軍水師，在與外江隔絕近三年後，至此又復合為一，勢力倍增，長江上、下游之水面控制權，遂全歸其掌握。之後，湘軍水陸師續行進攻彭澤，太平軍守將賴桂英為敵所敗，十一月八日，彭澤失陷。

　　湖口，彭澤失守之後，九江便陷於孤立，軍援給養斷絕，城中糧食將盡，情況危急。守將林啟榮一面率兵力戰，一面種麥自給，「其守愈暇，頻傷攻城軍」。[100]清軍久攻不克，於一八五八年三月開始在磨盤洲挖掘地道，以圖轟炸城垣。四月下旬，兩次轟塌東、南兩面城牆，突襲入城。林啟榮等率兵奮戰，給清軍以重大殺傷，堵住了敵人，並重新將城牆修復。不久，清軍又沿城從東到南偷掘地道，於一八五八年五月十九日再次用地雷轟塌城牆百餘丈，清軍蟻附而上。城破之後，林啟榮及元戎李興隆等率領全軍將士仍在烈風暴雨中展開英勇巷戰，逐屋爭奪，短兵肉搏，最後，全軍一萬七千餘人全部壯烈犧牲。其悲壯情景，連曾國藩也嘆服道：「林啟榮之堅忍，實不可及」。[101]《胡林翼年譜》中也說：「林啟容踞九江六載，號堅忍能軍。」[102]作為鄂、皖、

100 王闓運：《湘軍志》三。
101 《曾文正公全集》，《家書‧家訓》（二），第 19687 頁。
102 見《胡林翼全集》第二冊，第 65 頁，大東書局刊本。

贛三省門戶之地位的九江，其淪陷，一方面使江西戰場的形勢更
為險惡，太平軍在江西的戰鬥更為艱苦；另一方面又使當時太平
天國僅次於天京的第二大城安慶失去屏障，成為清軍下一步進攻
的主要目標。

（二）吉安失守

一八五七年十月五日，石達開自皖入贛，經景德鎮南下，沿
樂平、萬年、安仁，直入撫州，而後再由進賢南進，馳援吉安，
曾三次進攻，均為湘軍所敗，連戰失利，南下之路打不通，即知
難而退，急行折回，於一八五八年二月率大軍自撫州、進賢、東
鄉，分頭經金溪、鷹潭、貴溪、弋陽、鉛山、信豐、玉山，東進
入浙。

石達開率軍在江西境內南奔東突，轉折半年多，就其行動來
說，是路過江西召集舊部隨他遠征，而不是支援江西。所以在一
八五八年一月二十二日臨江失守前後，他的軍隊正在豐城、新
淦、撫州一帶活動，均距臨江很近，而沒有加以救援；四月，江
西軍事正緊急之時，他反而率領大軍東去浙江。六月一日，撫州
守將餘子安因城內有三合會之黃揚等叛變，內應清軍，乃率部退
出撫州，撫州遂陷湘軍肖啟江、劉於潯、劉坤一等之手。（後餘
子安由金溪入浙，復歸石達開部。）撫州失守後四日，建昌府也
淪陷。

撫州、建昌失陷後，太平軍在江西全省所有的郡邑，只剩吉
安一城了。吉安於一八五六年三月被太平軍攻克後，不僅一直是
太平軍在江西的軍需供應基地，而且吉安位居江西腹地，形勢險

要，「贛江入吉州後，隨山迴繞，府境當其大曲處，灘多湍急，地險城堅」，[103]亦為太平軍軍事重鎮。因此，曾國藩就認為「吉安一郡尤上游必爭之地」，[104]自一八五六年冬，即布置其胞弟湘軍同知曾國荃自湖南統領吉字營[105]「進扎城下，趕挖長壕……圍攻兩載之久」。[106]太平軍吉安守軍原為石達開部傅忠信、翟明海等，黃玉昆其後來此，於一八五七年十一月戰亡。在兩年攻守吉安的戰鬥中，吉安守軍不僅遭到吉字營的連續環攻，還先後遭到湘軍前副將周鳳山部、參將劉培元部、道員王鑫所部老湘營及普承堯部的援攻。但是，太平軍苦苦堅守住吉安府城，在城外及外線的戰鬥中，敵我雙方均有傷亡。自瑞州、臨江、撫州等城相繼失守後，吉安的堅守就更加艱難了，其存亡也就危在旦夕了。

　　一八五八年五月十七日，吉安守軍出城猛攻，被曾國荃吉字營所敗。以後吉字營圍攻吉安三個月，不克。八月二十九日，曾國荃督軍猛烈攻城，幾乎得手。九月十日，曾國荃與趙煥聯聯合水陸湘軍環攻府城。十五日，又一次發起猛烈攻擊，殺死不少由城內衝出突圍的太平軍。這時，吉安府城守軍大部已經出走（殘部東趨歸石達開大隊），餘軍不多，無力再支持下去，吉安重鎮遂於一八五八年九月二十一日失守。

---

103 劉錦藻：《清朝續文獻通考》（四），第 10570 頁。
104 《曾文正公全集》卷首《奏議》（三），第 1697、1698 頁。
105 1856 年 11 月，湖南巡撫駱秉章遣曾國荃與同知趙煥聯率湘勇 2000 人自長沙援贛，取道萍鄉。（時，黃冕膺任吉安知府，助其成軍）因最初攻吉安，故稱為「吉字營」。
106 同 104。

吉安為太平軍在江西最後失守的郡城，於是江西全省重新歸於清朝治下。到該年十月，石達開大軍再由閩邊汀州入贛東，轉戰贛南，然而其目的是假道過境前赴湘南，仍行其遠征之計劃，並非如西征時期之攻城奪地意在久踞統轄。一八六〇年十二月李秀成大軍也曾由皖南休寧、徽州轉趨婺源，於年底進入江西，但這次大軍入贛，亦無長期占據城邑之意，只是過境性質，假道入鄂以與英王於次年四月會師武漢，以實行援皖戰略之軍事任務。[107]

一八五八年是太平軍在江西名城重鎮相繼淪陷失守的一年，是失敗的一年。雖然太平天國在一八五八年後到一八六一年間由於組成了新的領導核心，形勢曾一度好轉，又一次出現過轉敗為勝的革命高漲時期，但在江西境內，西征時期出現的革命高潮則成明日黃花，不再重現。

太平天國在江西根據地的全部失陷，有多方面的原因。從主觀來說，是由於天京內訌和石達開的分裂，大大削弱了起義隊伍的力量，使清軍絕處逢生，得到了轉敗為勝的一個好時機。那些多年來清軍損兵折將而不能攻克的重鎮，均在這時候一個接一個地攻陷。九江、吉安等地的太平軍盡了他們的最大努力來堅守，

---

107 李秀成大軍在江西境內轉戰近半年，歷經十幾個州縣，於 1861 年 6 月上旬入鄂，7 月後又放棄攻鄂之計，全師東返，仍由義寧、武寧、德安原路集中瑞州，進逼南昌。但這時李秀成以安慶既失（1861 年 9 月 5 日失守），救援莫及，江西勁敵當前，不易得手，乃轉而全力圖浙。

他們以往的堅守能夠得到援助，而現在卻得不到救援，結果不論時間長短，最後都被清軍各個擊破。從客觀方面來看，是由於清廷在江西戰場投放了大批的兵力。清朝統治者認識到江右為「東南腰膂，一有不虞，東之閩浙，西北之兩湖，皆有唇齒之患」。[108]於是向江西調撥了大量的兵力，除閩、粵、浙諸省的援軍忽略不計，僅由湖南入援的湘軍就約達十萬以上。[109]湘軍為太平天國農民起義之悍敵，其首領曾國藩則多年來一直以南昌為其大本營，在這裡他調兵遣將，親自指揮各路軍剿殺江西的太平軍，攻奪各太平軍守地。早在南昌之爭奪戰中，尚在訓練中羽毛還未豐滿的湘軍就初試了其兵鋒，到吉安失守時，各路湘軍已久經沙場，更加強悍，在剿滅太平軍、攻奪太平天國根據地中顯示了其力量。除此，江西地方武裝——團練也在配合湘軍進攻太平軍，爭城奪地，恢復封建統治中起了十分重要的作用。

（三）江西團練對剿滅太平軍的重要作用

團練又稱鄉兵、鄉勇，是清政府利用地主紳士建立起來的地方武裝。太平天國農民起義爆發後，團練政策即被作為一種救時良策而被提出。江西為第一批舉辦團練的省份之一。一八五二年九月，太平軍從湖南向東北挺進，勢迫贛西，咸豐帝即任命前刑部尚書陳孚恩為江西團練大臣，負責「團練防堵事宜」。陳孚恩受命後，隨即合同新任江西巡撫張芾向全省官紳檄布團練之命，

---

108 《羅山遺集》卷六，《論曾節帥分援江西機宜書》。
109 《駱文忠公奏議》（二），第 1357-1409 頁。

下令各道、府、州、縣，恪遵欽命，聯絡紳耆，辦團練勇。在各通衢之處張榜告示：「果能聚集村民，殺一長髮賊，賞銀一百兩；殺一短髮賊減半；能殲除百名以上者，即將該團本年錢糧奏請蠲免，首事者仍給官職。」[110]

在江西各級官府的督促下，南昌府和吉安府出現了第一批舉辦團練的州縣。隨後在太平軍時常出沒的贛北和會黨活動頻繁的贛南地區，出現了第二批團練。到一八五五年七月時，江西全省有三分之二以上的府縣都有了不同規模、不同組織方式的團練。前期的江西團練以招募的練勇為主，並多為官辦官練，「全賴官為提倡」。[111]這表明清政府在一定時期內並未調動中小地主的辦團積極性。究其原因，這與太平軍在江西所實施的鄉土政策中對一般中小地主及其知識分子所實行的爭取和寬撫政策有很大關係。既然地方紳士對舉辦團練「應者寥寥」，缺乏熱情，因此當時的江西團練並沒有成為清軍所依恃的力量，「閩、浙、廣三省無援剿之師，本省兵勇又成積弱之勢，所恃以悉力支持者」，唯湖南之湘軍及湖北軍而已。[112]可見初期的江西團練並沒有起到其實際的效用。

然而，一八五六年九月天京內訌發生後，江西團練則出現了初期所沒有的勢頭，表現為越來越多的地主紳士開始成為團練創

---

110 《太平天國史料叢編簡輯》第二冊。
111 劉繹：《存吾春齋文鈔》卷九，《致諸同事書》。
112 李濱：《中興別記》，《太平軍在江西史料》，第 445 頁。

辦者中的主體部分。一些曾在起義高潮時期「陽為奉承」過太平軍的地主士紳，這時則「陰合忠義之士，私起團練，待時而動」。[113]各地地主紛紛利用封建家族或封建地域的關係，自行設局，籌兵籌餉，藉以維持其「社會治安」。這種以封建家族或地域為基礎組織起來的團練局已經部分地取代了清朝政府的州縣政權。

江西團練之所以出現這種勢頭，一方面是由於清軍加強了進攻江西太平軍的力量，增派了軍隊，江西戰場的形勢發生了逆轉，由此極大地影響了觀望和動搖中的中小地主，也為團練頭目提供了「依恃」。另一方面，則是由於太平軍自身的原因。太平天國崇拜上帝，不事他神，太平軍在攻城奪地鬥爭的同時，到處搗毀廟宇偶像，這種摒棄傳統的做法，與尊崇孔儒的傳統士人意識發生了難以調和的衝突。曾國藩在《討粵匪檄》中就號召讀書人保衛孔孟聖道，為維護「綱常名教」而鎮壓太平天國起義。王鑫進入江西後也特別注意刺激士人的心理，要求官紳每隔三、五日傳集本地「士」與「民」，「勉以忠直，激其義憤」，使之「咸知孝悌忠信禮義廉恥」。[114]這種做法事實上取得了效果。不少江西士人即以「不食周粟」，「不棄禮教」而投身團練。此外，太平軍前期的保護民眾的政策及秋毫無犯的紀律在後期有很大的破

113 劉愚：《醒予山房文存》卷一，《與友人書》。
114 王鑫：《王壯武公遺集》卷二四。

壞，早期「禁擄掠，毋得擅入民間」[115]的禁條成了具文，「擄掠」
事件常有發生。因而有人批評太平軍「動輒擄掠」，「非王者舉
動」，「非霸者經營」。[116]

　　後期江西團練在鎮壓江西太平軍中，起了非常重要的作用。
首先，江西團練在「保衛名教，保衛身家」的旗幟下，糾集了地
主階級各階層的力量，並控制和約束了鄉村的農民群眾，剿滅在
太平天國運動影響下發生的多次農民起義。其次，江西團練抵制
了太平天國起義對鄉村的影響，使封建統治秩序首先在農村得到
恢復，太平軍占領統轄時所建立的地方政權，所實行的鄉官制，
由於團練保甲制的衝擊而遭到破壞，並徹底宣告失敗。第三，江
西團練在軍事上大大箝制了太平軍在江西的活動，並配合清軍圍
攻剿殺各城鎮的太平軍。「湘軍一貫軍略，素與民團合作，故到
處得地方武力之援助，此為其優勝策略。……而太平軍則反是，
民團到處與其為敵，唯得會黨與土匪之合作，故力量少而效力薄
矣。」[117]如在湘軍圍攻吉安時，團練奉命阻擊西援的太平軍，團
練「沿河設防，每裡三棚，每棚五人，自江口至長牌七十里，旗
幟鮮明，柝聲夜警，防守踰年，賊不能渡。」[118]在彈盡援絕的情
況下，吉安終於失守。又如石達開遠征後，一八五八年十月至次
年二月時曾轉戰贛南，「九年正月初五日，湘軍道員肖啟江率部

---

115 夏燮：《粵氛紀事》卷十。
116 李汝昭：《鏡山野史》，《太平天國》叢刊（三），第 7 頁。
117 《太平天國全史》（中）第 1453 頁。
118 同治《新淦縣志》卷五，《武事》。

由汀州馳到贛州，即因當地環境形勢而籌謀攻守計劃。其帶來隊伍究竟兵力單薄，未敢孤軍挺進，乃先與本地團練名『田勇』者取得聯絡，約為一致行動。……由知縣周慶榕管帶，計全部田勇共有四萬餘人，配合久歷戰陣之湘軍比肩作戰，立成勁旅。」[119]石達開部遭到湘軍、團練聯合進攻，乃退入湘南。此後，李秀成、楊輔清等曾假途江西，同樣受到團練困擾，無法駐足。江西團練與清軍的聯合，不僅打垮了江西的太平軍，摧毀了太平天國在江西的根據地，而且還剿滅了在天京失陷後轉移到江西的太平天國領導核心。

三　太平天國在江西的失敗

在天京陷落前，各地太平軍的主要任務是援救天京。一八六四年二月（同治三年正月），由於天京糧食日益匱乏，來源日益枯竭，忠王李秀成與侍王李世賢定下軍略，即派四路大軍先後入江西徵糧，預期於九月以後全軍折回，以解天京長圍。二月二十六日，第一路軍沛王譚星、王宗李仁壽、天將林正揚自浙江開化入江西玉山，進向廣信，圍攻撫州，占新城；四月二十二日，第二路軍康王汪海洋等自皖南婺源進至江西德興，攻樂平、占弋陽，圍攻貴溪；四月二十九日，第三路軍侍王李世賢等自浙江開化入玉山；五月十八日，第四路軍凜王劉肇均等由徽州西南入德興。然後分別相繼占領南豐、金溪、東鄉、宜黃、崇仁等城。這

一時期，贛江以東各縣均成為太平軍的活動場所。

一八六四年六月一日，天王洪秀全逝世。七月十九日，在中外軍隊的合力圍剿下，天京由於糧絕援盡而淪陷。七月十九日，天京淪陷，原擬四路入江西徵糧，九月回救天京的計劃已無法實現了。到九月時，太平軍四路入贛徵糧大軍在清軍的剿殺下，或被消滅，或投降，或敗走，只剩下康王汪海洋、祥王黃隆芳及天將丁太陽一路留贛南。

天京城陷後，二十日凌晨，李秀成率兵千餘人偕諸王保護幼天王洪天貴福由京城正東太平門缺口突圍而出。但於黑夜間，屢經阻礙，李秀成與幼天王被沖散，分道而行。李秀成被俘，後遇害。幼天王仍繼續向東南走。這時，湘軍馬隊在後追擊，幼天王等逃至溧水東壩。干王洪仁玕自皖南廣德率師來迎。七月二十四日，洪仁玕等護衛幼天王等回到廣德。七月二十九日，幼天王至浙江湖州，會合堵王黃文金、輔王楊輔清等堅守湖州。在湖州，幼天王封洪仁玕為正軍師，尊王劉慶漢為副軍師。此時，他們曾有過一番復國計劃，以「湖州軍（糧）乏軍單，恐難建都立業」，故計劃到江西「建昌、撫州等處會合侍王、康王往湖北」，[120]然後會合扶王陳得才以及翼王石達開遠征大軍，「踞荊襄以窺長安」，[121]在西北圖再舉。議定之後，幼天王於八月四日復回廣德。湖州保衛戰於八月初開始，但在中外勢力聯合進攻

---

120 《洪仁玕自述》，《太平天國文書彙編》，第 546-547 頁。
121 《沈葆楨奏》，《太平天國》叢刊（二），第 859 頁。

下，太平軍因寡不敵眾，湖州遂於八月二十八日失守。湖州失守後，洪仁玕、黃文金等至廣德，連夜護送幼天王西走寧國縣，仍照原定計劃，由此沿浙、皖交界南下江西去會合李世賢、汪海洋。這時受到湘軍劉銘傳、周盛波等部截擊，乃往東南去浙江昌化。九月五日，黃文金在昌化病逝。爾後，洪仁玕、黃文英、譚體元（偕王）等又奉幼天王自昌化去淳安，輾轉經遂安、開化，於九月二十二日到達江西玉山。

當洪仁玕等護幼天王到達江西時，不料李世賢、汪海洋之部早已敗退，李世賢軍這時已南入閩粵，汪海洋部則轉戰贛南，（而石達開部先一年已敗亡）復國計劃無法履行。洪仁玕、幼天王等乃於十月四日抵新城（今黎川），又由新城直往南行至石城境。這時贛軍臬司席寶田率兵隨後緊追，洪仁玕等於九日逃至石城楊家牌地方。半夜三更，遭到敵軍襲擊，洪仁玕等與幼天王又被沖散。洪仁玕與李遠繼、黃文英、譚體元等到達廣昌之唐坊、白水嶺地方，敗於席寶田之部，洪仁玕與黃文英均被捕，譚體元等率餘部突圍南下至瑞金與汪海洋部會合。

幼天王於楊家牌被席寶田軍夜襲後，雖幸而走免，獨自潛入荒山躲藏，飢餓難忍，乃下山至一唐姓農家，為之割禾。過四日，出走至廣昌白水井，恐前至建昌有清兵，又折回石城。但以一個十六歲的孩子，終日在荒山野谷間流浪，最終在十月二十五日被席寶田部游擊周家良於石城縣荒谷中俘獲。十一月初，席寶田派員解到南昌，由巡撫沈葆楨親自審訊，一八六四年十一月十八日被殺害。

這時，洪仁玕、黃文英亦被解到南昌。洪仁玕在敵人面前表

現了凜然的革命氣節。他說：「人各有心，心各有志。……予每讀其史傳及《正氣歌》，未嘗不三嘆流涕也。今予亦只法文丞相已。至於得失生死，付之於天，非吾所敢多述也。」[122]毅然傚法文天祥，將自己的生死置之度外。他在其《絕命詩》中寫道：「英雄正氣存，有如虹輝煌；思量今與昔，忿然挺胸膛。」「一言臨別贈，流露壯思飛；我國祚雖斬，有日必復生。」[123]此詩充滿了一個革命者從容就義、捐軀殉難的大無畏精神，並對太平天國事業的來日成功寄予期望。洪仁玕和黃文英於十一月二十三日也在南昌被害，時洪仁玕年四十三歲，黃文英二十六歲。

至此，天京淪陷後轉移到江西的太平天國領導核心被清政府兵勇剿滅淨盡。清政府則以幼天王、洪仁玕被捉拿，江西平定，賞江西巡撫沈葆楨一等輕車都尉世職，並賞頭品頂戴；賞記名按察使席寶田雲騎尉世職。

而在同一時期，留在贛南之汪海洋、李遠繼、譚體元、黃隆芳等部於一八六四年十月八日退出瑞金，圍攻寧都。湘軍提督鮑超部力敗汪海洋，解寧都圍。汪海洋等南走，再占瑞金。爾後，鮑軍復占瑞金，汪海洋等乃入福建汀州境，在閩粵邊轉戰，到一八六五年十月上旬，又從粵復入贛。十月十一日，汪海洋等攻定南廳，被清軍所敗。次日又攻龍南。十五日，席寶田與總兵康本有、韓進春於信豐、定南交界之小江墟復攻汪海洋等，汪海洋、

---

122 《洪仁玕自述》，見《太平天國文書彙編》，第547頁。
123 洪仁玕：《絕命詩》，見《太平天國全史》（下），第2287頁。

李遠繼等南走，十七日，攻龍南不下，再南入粵境。十一月九日，江西巡撫劉坤一抵贛州督師。十一月二十六日，汪海洋等自粵復入江西龍南縣境，不久再返粵。自此以後，太平軍江西餘部再也沒有進入江西，直到最後失敗。

汪海洋、李遠繼等江西太平軍餘部在贛、粵、閩邊境轉戰一年多，不但在南方直接嚴重地打擊了清政權，而且由於他們箝制了包括湘軍、淮軍在內的大批清軍，因而實際上對當時貴州的苗民起義、臺灣彰化的農民起義及廣東陽春等地的「客民」起事也是一個有力的聲援。

第四節 ▶ 太平天國運動對江西社會的影響

太平天國運動自起義至最後被剿滅長達十八年之久，太平軍在江西境內轉戰各地亦有十餘年的時間，其足跡遍及江西的大部分土地，對江西社會有著深刻的影響。

一 太平天國運動影響下的江西農民起義

太平軍在江西時期，到處逐殺貪官污吏，懲辦豪紳地主，沉重地打擊了江西的封建統治勢力，促使了被壓迫群眾的覺醒。在太平軍的影響和鼓舞下，江西農民除紛紛參加太平軍外，還發動了多次反抗清朝封建統治的武裝起義。這些起義分布廣、次數多，全省八十一個州縣中，就有三十多個州縣爆發了農民起義，共達五十餘次。就起義分布地區來說，遍及贛北、贛中、贛東、

贛南等全省範圍；就起義規模來說，有的偏於一隅，有的席捲數縣。在五十多次起義中，規模和影響比較大的，主要有武寧周逢春領導的起義、龍泉（今遂川）天地會首領劉通義領導的起義、泰和天地會首領鄒恩隆領導的起義，龍泉張琳、鄭世標領導的起義，撫州、建昌一帶邊錢會發動的起義，南康天地會起義和定南葉朝品、陳洪濤發動的起義等。這些農民起義具有幾個明顯的特點：

第一，起義與太平天國運動或太平軍有著密切的聯繫。主要表現有這樣幾種情況：其一，農民起義軍假太平天國的旗號以號召群眾。咸豐六年七月（1856 年 8 月），「吉安、建昌等郡，邊錢會匪假粵賊名號，嘯聚千人，陷永豐、南豐、新城，竄瀘溪……」[124]一八五六年五月，南康會黨首領黃炳才等，「假粵西賊偽程尚書旗號，糾賊數百人來撲縣城」。[125]這次起義不僅借用了太平天國旗號發動起義，攻占了上猶縣城，還在攻占之地「設局納貢」，實行了類似太平天國的經濟政策。其二，農民起義軍與太平軍會合，或取得聯繫，或協同作戰。一八五四年四月，武寧周逢春領導的天地會起義軍，在起義暫時失敗後，即與太平軍軍陳文金部正式建立聯繫，並協同作戰，再次攻陷縣城。一八五四年八月武寧張定源等領導的起義，曾聯合太平軍進攻靖安。一

---

124 王定安：《湘軍記》，援守江西上篇，《太平軍在江西史料》，第 376 頁。
125 光緒《上猶縣志》卷十六，《軍務紀略》（中）。

八五六年五月，於都黃老八、李鐵皮等領導的起義，黃老八等曾主動「潛往吉安」與太平軍取得聯繫，併合作攻占了於都縣城。而在一八五六年三月時，「德安、建昌匪與湖口賊併合為一」，「土匪附賊者，尤不可勝計」。[126]其三，起義軍直接參加太平軍隊伍，或起義失敗後歸附太平軍。撫州、建昌一帶邊錢會發動的起義，就有一部分起義軍在宜黃加入了太平軍。一八五五年秋，寧都天地會領導的農民起義，曾聯合太平軍「陷廣昌、新城、南豐、瀘溪等縣」，[127]起義失敗後，餘部歸附太平軍。一八五六年五月，瑞金南鄉謝坊劉大珠領導起義，曾圍攻會昌城，在不久劉大珠被清軍殺害、起義失敗後，餘部則參加了太平軍。[128]這反映了太平天國運動在江西的深入民心，江西廣大人民群眾以風起雲湧、層出不窮的起義鬥爭來響應太平軍的軍事行動，以致封建統治者發出了「咸豐三年，西逆竄擾江省，各處盜賊蜂起」的驚呼。[129]

　　第二，這些農民起義大多是會黨組織發動的。會黨是長江以南諸省群眾基於政治上的反清要求而產生的祕密會社，在太平天國運動爆發之前，天地會各派的起義就遍布於東南沿海和長江流域各省，是主要的反清力量。太平天國運動發動後，天地會更大舉起事，兩廣、兩湖、兩江等省，到處布滿了天地會各派的勢

126 李濱：《中興別記》，《太平軍在江西史料》428 頁。
127 《剿平粵匪方略》卷一六一。
128 同治《瑞金縣志》卷十六，《兵寇》。
129 同治《南昌府志》卷四十七，《人物誌・忠義》。

力，贛江中上游則成了會黨活動的主要地區之一。當時江西的一個地主階級分子在《請嚴懲會匪疏》中說：「竊惟江西吉安府屬泰和、萬安等縣，向為私梟出沒之所，搶劫淫掠為害地方，加以會匪繁多，與私梟合而為一，或名稱添弟會，或名添刀會，又稱千刀會，其會均自南贛延入吉安，因地方官苟圖安靜，遂致滋蔓猖狂……」[130]會黨發動的起義，由於準備工作比較充分，組織領導也比較嚴密，不像一般農民起義那樣一哄而起。但這些起義又不可避免地帶有會黨的某些弱點：會黨成分比較複雜，除了農民和手工業者，還有大量的遊民、綠林、盜匪乃至胥吏加入，因而他們缺乏統一的思想基礎；各地組織自行獨立發展，彼此不相從屬，會眾也缺乏政治、組織和軍事的訓練，雖然起義此伏彼起，但不能聯合行動，往往分散或流寇式的流動作戰。正是由於這些弱點，這些起義都很快遭到鎮壓。

第三，江西發生農民起義，當時以贛南地區最為集中。贛南二府十五個州縣發生起義的州縣就有十三個。之所以如此，有兩個原因。其一，由於贛南地區距省會南昌較遠，清政府在這裡的統治力量相對較薄弱，這就給贛南農民發動起義提供了一個有利的條件。其二，由於贛南地區毗連廣東，鴉片戰爭以前，由廣東進入內地的洋貨，或由內地運往廣東出口的土特產品，如綢緞、陶瓷、茶葉、湖絲等等，無一不經過贛南地區。在這條運輸線上，聚集著數以千萬計的靠運輸謀生的勞動群眾。但自五口通商

130 光緒《吉安府志》卷四六，《藝文志》。

以後，大宗絲茶等土特產改由上海等地直接出口。由於商路改道，在這條舊商路上靠運輸謀生的勞動者便失去了生計，從而出現了大批失業遊民，在生活逼迫下，他們不得不鋌而走險。因此當時贛南被統治階級咒罵為「多盜之都」、「群盜淵藪」。

江西各地的農民起義，雖然先後都在清朝武力鎮壓下遭到失敗，但這些起義矛頭指向清朝的反動統治，所到之處，首先劃除清朝地方官吏，許多支起義軍曾一度攻占了縣城，焚燬縣衙，釋放囚徒等，這便沉重打擊和削弱了江西的封建統治勢力。更為重要的是，這些起義積極配合了太平軍在江西的活動，給了太平軍很大援助。首先，這些起義吸引和牽制了部分清軍，打亂了江西清軍的軍事體系和鎮壓部署，為太平軍在江西的勝利進軍提供了有利條件；其次，起義軍主動聯絡太平軍，協同或引導太平軍攻城，共同戰鬥，對太平軍是個有力的援助；第三，大量的起義農民直接參加太平軍的隊伍，從而壯大了太平軍的實力。一八五五年十一月石達開初入江西時的兵力只有兩萬多人，以如此少的兵力來占領江西全省五十個州縣，是不可能的。由於得到從廣東、湖南來的天地會友軍和江西起義農民的合作，才順利解決了占領區擴大與兵力不足的矛盾。據清朝官吏湘軍將領楊載福的密疏所云：「唯首逆石達開上年秋間，以老賊二萬餘人由湖北入江西，又益以粵匪四五萬人，勢焰漸熾。蓋前此脅民為賊心不願戰，而自去冬以後，新附之賊甘心從逆，其境土匪附賊者，尤不可勝

計。」[131]據計，新參加太平軍的江西起義農民有三萬人。正由於起義隊伍的迅速壯大，於是出現了統治階級驚呼為「亂民從之如歸，贛水以西，望風瓦解」[132]的大好局面。

江西的農民起義遍佈各地，說明當時在太平天國運動影響下，江西人民革命情緒的高昂。但是各地起義都是分散作戰，沒有形成統一的力量。太平軍對各地起義也沒有很好地去聯絡領導，以致起義隊伍東竄西擾，最後均遭失敗。

二 太平天國對江西社會經濟的影響

太平天國運動有力地衝擊了清朝封建政權在江西的統治勢力。太平軍在江西實行的經濟政策，雖然沒有從根本上解決封建土地所有制，但太平軍保護貧苦農民、打擊豪紳地主的做法，卻在一定程度上打亂了封建經濟秩序。太平軍敗退後，封建統治階級迅速恢復被打亂了的統治秩序。在農村，太平軍占領時期部分落到佃農手中的土地，最終都重歸地主階級所有。但迫於太平天國運動造成的既成事實，封建政府在對農民的稅收上，在一定時期也作了某些讓步。「初，賊在湖口設立偽官，押征錢糧。官軍到，民間自咸豐三年來所應完錢糧，完納殆盡。至十一年，詔十年以前，概行豁免。」[133]即是說，從一八五三年至從一八六〇年

---

131 李濱：《中興別記》，《太平軍在江西史料》，第 428 頁。
132 《鹽乘（新昌）縣誌》卷之九，《武事》。
133 張宿煌：《備志紀年》，《太平軍在江西史料》，第 547 頁。

期間，湖口縣農民除了太平軍占領時向其完納稅糧外，清軍來後，就沒有再完稅糧，直到從一八六一年為止。在江西其他地區，也有類似情況出現。

誠然，太平天國運動曾一度衝擊、打亂了江西的封建統治秩序，這場運動給江西人民留下了深深的印記。一方面同時也給舊民主主義革命帶來了久遠的影響，如江西著名民主革命家李烈鈞，就是在曾「棄儒」參加太平軍的父輩薰陶下，立志投身於辛亥革命的。但另一方面，這場運動又帶來了戰爭的破壞，這同樣也給江西留下了深重的創傷。

太平軍與清軍、團練在各州縣長時間的多次交戰，其戰火硝煙給江西社會和民眾帶來了嚴重的災難和損失。據同治《南康府志》記載：咸豐四年，「二十九日，偽丞相羅大綱由饒州入九江，破東團……房屋被焚百餘所，旬日間鄉團瓦解」。同治《樂平縣志》載：咸豐七年「八月十八日，（景德）鎮賊大股來陷樂城，前去後來凡二十一晝夜，義團交仗十餘戰，城鄉延燒二萬餘家，並及文廟官民衙屋，高架浮橋，直指南鄉，為各團勇所敗」。同治《波陽縣志》載：咸豐四年，「發逆屢掠石門，俱被團勇擊退」，十月，「賊怒鄉團久，於初七自石門縱火迄東陂廟，上下三十里毀民房殆盡。初九，進陷饒城」。咸豐七年正月初一日，「洪逆自景鎮回撲桃溪渡，火民房三十餘村，殺戮甚多」。同治《德興縣志》載：咸豐七年，「官軍至，統帶楊國政軍令拒之，賊焚房屋數百，男婦死者數百人」。同治《宜春縣志》載：咸豐十一年辛酉春，「撫州發逆突圍出，叛勇李金暘應之，糾合賊眾由吉水三曲灘過河，竄擾吉、臨、瑞諸郡，蔓延袁江一帶。

新昌、上高、新余、分宜等縣，盡遭蹂躪」。[134]如此記載，不勝其數，雖然字裡行間帶有封建統治階級修志者對太平軍的貶蔑之意，但從中仍可見雙方交戰對江西社會經濟，尤其是對鄉村的破壞塗炭之慘重。

不僅如此，清政府為了鎮壓這場運動，採取了種種措施，其對江西近代經濟的若干變化及破壞，有著很大的影響。

1. 江西在全國農業經濟中的地位下降

在中華民族農業經濟的發展歷史中，江西農業發展具有十分重要的地位。特別是到了宋元時期，隨著大量的北方居民南遷，使江西農業經濟出現了全面繁榮。據研究表明，北宋時期江西發運至京師的米穀共一百四十八萬石左右，占全國總漕糧數的四分之一。可見江西作為國家糧食基地的優勢地位已經確立。明清時期，江西農業生產力進一步提高，雍正皇帝曾在諭旨中寫道：「廣東之米取給於廣西、江西、湖廣，而江浙之米皆取給於江西、湖廣」。[135]與此同時，江西的經濟作物迅速發展，並推動一系列農副產品加工業的興起。到了清朝中期，形成了萬載等夏布紡織中心產區；銅鼓等造紙基地；樟樹藥業行邦也在全國中藥行業中居於突出的優勢地位；婺源、河口等茗種逐漸形成，運銷國內外市場。可見，在近代以前，江西作為江南有名的富庶之地，

---

134 以上均引自《太平軍在江西史料》，第 281、219、211、213、225、75頁。

135 許懷林：《江西史稿》，第 571頁。

在傳統的農業經濟中具有優勢地位。

但是，太平天國期間，清政府特別是湘軍集團，為了籌措軍費而採取的「籌餉以江西為本」的政策，卻使江西原本在全國具有優勢地位的農業經濟日趨衰落。

自咸豐初年漕運廢除，丁漕改征折色後，江西田賦的加派日益加重，地方官吏又大肆勒折浮收，「江西浮收每畝在二石以上，勒折多至七、八兩」。[136]從而一是使貧困已極的農民甚至陷入了「半年糠菜半年糧」的悲慘境地；一是只能動用省縣各級庫藏。其結果造成近代江西，不僅民間「民力拮據」，[137]而且官府庫藏也是「異常支絀」，官民俱無分文。[138]可見，沉重的賦稅使廣大農民在遭受長期的戰爭折磨之後，沒有得到休養生息的機會，完全喪失了發展農業生產的能力與積極性。這樣，江西農業經濟優勢地位的喪失也就在所難免了，以至到了同治年間，素有「魚米之鄉」美稱的江西卻出現了「南昌所屬豐城及饒州鄱湖諸縣儲糧倉庫，倉舍蕩然」的局面。[139]

2. 阻礙了近代江西商品經濟的發展

縱觀江西歷史，在清前期以前，商品經濟在全國各省中一直處於比較領先地位，甚至出現了「無江西商人不成商場」的局

---

136 光緒《撫州府志》卷三十，《食貨‧倉儲》。
137 宣統三年《南昌縣志》卷二，第 12 頁。
138 蔣建平：《簡明中國近代經濟史》，第 220 頁。
139 《中國近代鐵路史資料》第 3 冊。

面。[140]臨江、樟樹、吳城和河口成為聞名全國的四大工商業市鎮。然而，進入十九世紀六〇年代以後，江西的這種優勢卻逐漸喪失。究其原因，太平天國時期，清政府在江西實行的政治經濟措施與之有著密切關係。

一是濫徵釐金，極大地阻礙了江西商品經濟的發展。如前所述，史有「江西釐金之重，尤其甲於天下」之說。表現在五個方面：徵收時間早，在從一八五三年就已經開始試行徵收；稅率重，遠遠超過清政府值百抽一的規定；釐卡多，遠遠多過其他鄰省；數額大，平均起來大約每年占全國總數的百分之十三左右；[141]時間長，存在了六十多年。由於濫徵釐金，加重了民眾的負擔，使其生活變得愈加貧困。對此，藩司李恆都承認這些征索是「仁者不為」的「剝民之術」，「所害者眾」「厲民甚殊」；[142]同時使貨不能暢其流，抑制了商業資本的發展。以致近代江西各縣，幾乎找不到富商大賈，都是一些小商小販。如贛州府「郡邑列肆而居者皆遠鄉大賈，士人業微業，利微利，以役手足供口腹而已……異鄉作客贛人絕少」。[143]正是這樣，使得往昔繁華的「日市輻輳之地」變成「裡巷蕭條，商販斷絕」的寥落之所。[144]同時，江西釐金雖然款額收數很大，但大多被湘軍軍費和本省防

---

140 《中國社會科學院經濟研究所集刊》第七集，第 321 頁。

141 王士性：《廣志繹》。

142 民國二十六年江西省政府經濟委員會編：《江西經濟問題》，第 5-6 頁。

143 史林著：《曾國藩和他的幕僚》，第 53 頁。

144 同治《贛州府志》卷二。

務所占用，而用於本省行政費用不到百分之一。[145]總之，巨額的
釐金徵收，並沒有增加江西的財政收入，反而削弱了本省民間工
商業發展的後勁，從而阻礙了江西經濟的發展。

　　一是巡撫更替頻繁，且大多保守無能或暴斂強括民眾，使江
西喪失發展商品經濟的機會。眾所周知，洋務運動曾經使江西與
其他鄰省一樣面臨著難得的發展經濟的機會。如果當時的江西有
一個穩定有力、積極開明的地方政府，對內能夠積極主動，實行
開明政策，保障商品經濟的發展；對外能取得必要的權力，如爭
得朝廷貸款，取得必要的原料和市場等，就能把有著較好商品經
濟基礎的江西地方經濟推進一步。但是恰恰相反，當時江西既無
左宗棠、李鴻章、曾國藩那樣的封疆大吏，能為本省的經濟發展
爭得巨額官款，用於創辦近代工業企業。同時，江西巡撫僅在太
平天國期間，就先後更換了十位，平均任職不到兩年，政府機構
長期處於不穩定之中。造成這種狀況的一個重要原因，在於曾國
藩署理兩江總督前後，擁兵自重，為了爭取湘軍餉源而與江西地
方官吏發生爭執，以致他們要麼因為給湘軍協餉不力，被曾國藩
參貶革職或調往他省；要麼搾取民財上供以保爵位，或鎮壓太平
軍以邀政績，無心致力於江西經濟的發展。加上在這些巡撫中，
大多是極端保守、碌碌無為之輩，即使像沈葆楨那樣後來頗負盛
名的洋務大臣，也均由於在江西省任職時間太短，期間又忙於鎮
壓太平天國革命等原因，沒有為江西商品經濟的發展提出任何創

145 胡思敬：《鹽乘》卷十三。

新之法，使江西白白浪費了難得的發展機遇。

3. 橫徵暴斂影響江西的社會穩定

太平天國時期江西軍費的巨額徵收，其絕大多數負擔都直接壓在廣大民眾身上。對此，從一八六六年四月，江西巡撫劉坤一奏稱：「江西自被發逆連年竄擾，全省蹂躪殆遍，民間凋殘已甚，州縣催徵極難，而軍餉浩繁，端賴錢漕兩項以資供億」。[146] 在這種盤剝壓榨下，江西人民被迫起來進行反抗。例如，江西漕糧改徵折色後，由於漕糧停運，近萬名漕船水手生計無所著落。加上受到太平天國革命的影響，使他們反抗封建壓迫的鬥志驟然高昂。丁顯《河運芻言》稱：「自咸豐初年，河徙漕停，粵氛猖獗，無業遊民，聽其遣散，結黨成群，謀生無術，勢不得流而為賊」。[147] 大批失業水手加入了太平天國起義軍隊伍。

再如，由於江西「鹽利五倍」，使民眾大為不滿。以致於在光緒朝，江西樂平因為官府強迫農民購買淮鹽而又大肆加價，發生動亂。「樂平鄰近廣信府，浙私每從廣信入境，色潔而價廉，其民行用已久，今一旦強其高價購重濁之淮鹽，則其不願已甚，所以滋事之徒遂並鹽局而毀之也」。[148]

另外，由於江西是太平軍與湘軍殊死爭奪的戰略要地，太平軍在給清王朝以沉重打擊的同時，也使所在地區遭受了很大損

---

146 《劉坤一遺集》第一冊，第64頁。
147 周馥：《玉山文集》。
148 盛康：《皇朝經世文續編》卷四七，第37、26頁。

失。據金陵大學農業經濟系所作的《豫鄂皖贛四省之租佃制度》調查中說：「太平天國勢力初伸於江南時，曾在各處大肆屠殺，居民死傷甚眾，四省受害最烈者，厥為皖南與贛北。迨亂事平，生者寥寥，昔日良田美園，當時則變為荒原曠場，無復有人過問焉，因是客籍農民遷入而墾荒者，接踵而至」。可見戰爭不僅使江西人口減少，而且土地荒蕪，成為戰爭的重災區之一。這種境況和極其沉重的軍費盤剝交織在一起，使得近代江西日益陷入落後的境地。

綜上所述，在太平天國運動的打擊下，清朝傳統的軍事和後勤體制被打破，平時駐軍不多的江西成為戰爭的重災區。而沉重的軍費負擔和統治者竭澤而漁式的刮民之術，對當時及以後的江西政治經濟與社會變遷產生了深刻影響，成為昔日的江南富庶之地走向衰落的一個重要原因。

江西文庫 A0701A28

江西通史：晚清卷　上冊

主　　　編	鍾啟煌	
作　　　者	趙樹貴、陳曉鳴	
責任編輯	楊家瑜	

發 行 人	陳滿銘
總 經 理	梁錦興
總 編 輯	陳滿銘
副總編輯	張晏瑞
編 輯 所	萬卷樓圖書股份有限公司
排　　版	菩薩蠻數位文化有限公司
印　　刷	百通科技股份有限公司
封面設計	菩薩蠻數位文化有限公司

出　　版　昌明文化有限公司

桃園市龜山區中原街 32 號

電話 (02)23216565

發　　行　萬卷樓圖書股份有限公司

臺北市羅斯福路二段 41 號 6 樓之 3

電話 (02)23216565

傳真 (02)23218698

電郵 SERVICE@WANJUAN.COM.TW

大陸經銷　廈門外圖臺灣書店有限公司

　　電郵 JKB188@188.COM

ISBN 978-986-496-194-8

2018 年 1 月初版

定價：新臺幣 300 元

如何購買本書：

1. 轉帳購書，請透過以下帳戶

　合作金庫銀行 古亭分行

　戶名：萬卷樓圖書股份有限公司

　帳號：0877717092596

2. 網路購書，請透過萬卷樓網站

　網址 WWW.WANJUAN.COM.TW

大量購書，請直接聯繫我們，將有專人為您

服務。客服：(02)23216565 分機 610

如有缺頁、破損或裝訂錯誤，請寄回更換

國家圖書館出版品預行編目資料

江西通史 晚清卷 / 鍾啟煌主編.-- 初版.--

桃園市：昌明文化出版；臺北市：萬卷樓

發行, 2018.01

　冊；　公分

ISBN 978-986-496-194-8(上冊：平裝).--

1.歷史 2.江西省

672.41　　　　　　　　　　107001902

本著作物經廈門墨客知識產權代理有限公司代理，由江西人民出版社授權萬卷樓圖書

股份有限公司出版、發行中文繁體字版版權。

本書為金門大學華語文學系產學合作成果。　　　校對：陸仲琦／華語文學系二年級